PANGERMANISME

ET

DROIT PRIMORDIAL ALLEMAND

1799

PARIS

IMPRIMERIE BALITOUT, QUESTROY ET Cᵉ,

Rue de Valois, 18, et rue Baillif, 7

PANGERMANISME

ET

DROIT PRIMORDIAL ALLEMAND

PREUVES HISTORIQUES QUE LA GERMANIE EST RENFERMÉE
ENTRE LE RHIN ET L'ELBE ;
QUE LE BRANDEBOURG ET LES PRINCIPAUX TERRITOIRES APPELÉS PRUSSIENS
NE SONT PAS ALLEMANDS, MAIS SLAVES ;
QUE LA DYNASTIE PRUSSIENNE ABANDONNE SES ALLIÉS ET LES ALLEMANDS,
LORSQUE SON INTÉRÊT L'Y PORTE.

PLAN D'ALLIANCES ET DE DELIMITATIONS

Êtes-vous Janséniste ?
— Non — très-bien : Moliniste !
— Non : je suis Ébéniste.

PAR M. J. ROUSSET.

Ancien préfet.

PARIS

E. DENTU, LIBRAIRE-ÉDITEUR

PALAIS-ROYAL, 17 ET 19, GALERIE D'ORLÉANS

—

1867 — 1868 — 1869

TABLE

———

PRÉFACE

Per fas et nefas et surtout *per nefas*, de petits et habiles gentillâtres se bâtirent un château, devinrent seigneurs héréditaires d'une petite ville, marquis, roitelets, rois puissants (*a*); et le chef de la lignée se cordonne aujourd'hui la couronne d'empereur d'Allemagne, avec l'espérance de la double et triple tiare. « Il faut que l'histoire avance, » dit-il, à propos de ses usurpations, en style prusso-biblique (*b*) et en imitation des grands ravageurs du cinquième siècle, Attila et autres, qui disaient : « Dieu me pousse. Il faut que j'avance. Je suis le » fléau de Dieu et le marteau de l'univers. Sous moi, le sol » tremble : devant moi les étoiles tombent. »

Le trouble de l'Allemagne et le danger des princes encore appelés souverains et étoiles sont plus grands qu'au temps où leurs anté-prédécesseurs mirent le troisième roi de Prusse

(*a*) Bâtisseur du château d'Hoenzollern, bourgrave de Nuremberg, margrave du Brandebourg, l'un des Électeurs souverains de l'Empereur d'Allemagne et, enfin, l'un des membres du collége des cinq puissances qui décident des destinées du monde..... *Postea quid?*...

(*b*) « Il faut que l'histoire marche : elle ne peut s'arrêter. Il faut qu'elle avance. » C'est ainsi que parle officiellement le grand confiscant aux bourgmestres de ses nouvelles provinces ; et comme, même en langage allemand, l'histoire ne marche pas toute seule, mais s'arrête quelquefois comme un receveur de l'enregistrement, lorsqu'on ne lui apporte pas d'actes à enregistrer, il faut voir dans ces expressions de l'héritier de tant d'autres confiscations ou la pensée d'un illuminé dangereux, ou celle d'un habile qui veut faire croire à une mission divine.

(appelé le grand Frédéric) *au ban et le poursuivirent comme perturbateur du repos public :* mais la dynastie troublante et confiscante a grandi, grandi de tout ce qu'ils ont perdu, eux, et de bien plus encore et leur pouvoir se disloque. Une force nouvelle en Allemagne a surgi; une force périlleuse, qui a des déraillements et des éclatements, mais qui jusqu'à présent a été maîtrisée avec l'habileté qu'ont les chauffeurs des puissantes machines; la force que possède une grande multitude affolée, enivrée, enfiévrée. De même qu'une bonne fille qui se laisse aller à la passion d'un suborneur, la multitude allemande croit à l'amour de Brandebourg qui, pour joyaux, lui promet des cantons de France, de Suisse, d'Autriche et la Hollande; qui lui serine et lui fait chanter par ses rapsodes la beauté et la grandeur germaines; l'unité germaine, pangermaine, hyper-germaine; l'ambition française; les embarras de l'Europe; la puissance prussienne; le dévouement brandebourgeois aux in-térêts allemands; et, pervertie par des conseillers appelés *libé-raux,* et n'entendant qu'eux et le chant des rapsodes, la mul-titude se jette dans les bras de son suborneur.

L'indignation des nationalités confisquées n'est point apai-sée; c'est l'imperceptible minorité des princes souverains qui s'est faite volontairement prussienne; quelques ardeurs d'au-tonomie indépendante ajoutent comme des accrocs au défaut de cohésion : mais nonobstant, et si elle n'est pas arrêtée par d'au-tres obstacles, la dynastie des Brandebourg aura bientôt la sou-veraineté allemande. Les peuples le veulent. Brandebourg a toujours repoussé toute institution véritablement libérale, et cependant il a enjôlé aussi et enrôlé les libéraux. Il leur a limé ce que les vieux Germains appelaient des *dents de fer,* et à la place il leur a mis un frein pour les conduire dans sa voie (c). Il a excité chez tous les peuples allemands la haine et la

(c) Qu'ils lisent les Allemands qui s'inféodent à la Prusse, en crainte ou haine de la France, qu'ils lisent la fable du cheval de La Fontaine, en en crainte de la France, en même temps qu'une subite passion pour l'unité qui ne pourra être qu'un empire césarien. Il leur dit : *Dieu le veut*, et les peuples se prussianisent. C'est comme une maladie, un délire qui, sur un moindre théâtre, montre ce qu'a dû être une *croisade* vers la Terre-Sainte. Petits et grands ducs, rois et villes appelées libres, marchent à l'absorption prussienne ; comme ces petits oiseaux fascinés qui descendent, plus ou moins dolentement, dans la gueule d'un serpent.

Ce nouvel empire, s'il se faisait, ne serait qu'un nouveau relai pour une nouvelle croisade, pour une nouvelle *marche de l'histoire*. Le Danemark tout entier et la Hollande seraient bientôt confisqués. L'Autriche serait menacée, et défense serait faite à la France de *s'ingérer*, sous peine de guerre, dans les *affaires de l'Allemagne*, en attendant les revendications. Le péril serait plus grand que tout ce que nos rudiments politiques disent être à redouter de la Russie. Le choc serait épouvantable.

L'instinct politique, l'instinct commercial et cette sorte d'intuition prophétique qui n'est plus aujourd'hui le privilége de quelques individualités, voient imminent le choc. Les capitaux s'amoncellent inertes, comme on ferait d'engrais auprès de terres submergées. Des terrains achetés et des maisons construites à grands frais, aux temps de tranquillité, ne peuvent se vendre : qui se chargerait de gros loyers si la guerre éclatait ? Des idées libérales, élaborées, demeurent comme dans un œuf qui se pourrit : guerre et liberté ne sont sœurs. Des spéculations commerciales qui eussent profité à leurs auteurs et à

---

retirant l'injure dont le cheval avait à se plaindre et que La Fontaine, au surplus, ne spécifie pas plus que les Allemands ne pourraient spécifier rien contre la France :

> « L'homme lui mit un frein, lui sauta sur le dos.....
> » Le cheval s'aperçut qu'il avait fait folie :
> » Mais il n'était plus temps. Déjà son écurie
>   » Était prête et toute bâtie. »

tous ne s'engendrent ou avortent : qui aventurera son capital
d'idées ou d'argent? Qui jette de la semence dans l'eau ou sur
des tisons? Tout s'arrête et s'allanguit et, chez les peuples
comme chez l'homme isolé, le dépérissement peut devenir
mortel. Chaque nation dit vouloir la paix et chacune ruine ses
forces et son budget à la mise en action du sauvage précepte :
« Prépare-toi à la guere, si tu veux la paix. »

C'est à la Prusse ou plutôt à l'ambition de la dynastie des
Brandebourg que la conscience publique fait remonter cet
état ruineux. Qui a voulu l'invasion du Danemark et l'a dé-
membré? Qui a voulu la guerre d'Allemagne en 1866, pour en
confisquer tant de portions et la maîtriser tout entière? Qui
jette autour d'elle les mêmes menaces qu'avant cette dernière
guerre? Qui irrite les susceptibilités et attise l'orgueil des Allemands? Qui fait de la France, à leurs yeux, un peuple mécon-
tent et ambitieux de la terre des autres; alors que si la France
et son Gouvernement eussent eu moins de loyauté, c'est-à-dire
eussent fait une fois, une seule fois, ce que la race des Brandebourg a fait constamment et sans fin, c'est-à-dire encore
eussent voulu profiter de l'embarras de ses voisins pour s'a-
grandir, elle eut, la France, en 1866 et bien facilement, profité
du *gâchis* (d) allemand.

Il semble utile d'examiner de près les prétentions subversives de la race des Brandebourg et de disséquer son enfant
monstre, le *Pangermanisme* : monstre tenu au baptême par tant
d'Allemands ivres : ivres de leur gloire passée et de leur gloire
future; ivres d'une autre prétention dite : le *droit primordial*
allemand, qui remonte à des fables et qui est plus respectable

(d) Le mot *gâchis* est, on le sait, admis dans la langue politique. Quelques lecteurs en ignorent sans doute l'origine. A l'une de ces séances de la
Chambre des députés où tant de talent se dépensait, tant d'affirmations se
contredisaient, tant d'interruptions se croisaient, le maréchal Lobau, meilleur général qu'orateur, s'écria, de sa voix de Stentor : « Quel gâchis! »
et ce mot relevé le lendemain, comme trop monstrueusement pittoresque,
fit fortune.

que tous les traités historiques; ivres d'une histoire frelatée;
ivres chaque jour et de plus en plus, parce qu'à l'ivresse d'aujourd'hui s'ajoutent les restes de l'ivresse d'hier.

Les Allemands se laissent aller à la pensée que le maquignou
du monstre leur donnera l'empire universel; leur *rendra* une
unité qu'ils n'ont jamais eue que dans des rêves et dans des
poëmes fous (*e*); leur *rendra* leurs deux rives du Rhin qu'ils
appellent le fleuve allemand et qui *jamais n'a baigné un em-*
pire unique, jamais que sous des dynasties françaises; les pro-
tégera de sa force, comme s'ils étaient faibles et mineurs, à
toujours : comme si l'impitoyable histoire n'apprenait que les
Brandebourg, lorsque leur intérêt propre le demande, abandonnent leurs alliés, fussent-ils Allemands, c'est-à-dire les
trahissent; comme si alors les Allemands pouvaient se fier à la
foi prussienne : *fides punica* (*f*).

Aux temps historiques primordiaux, des bandes de sauvages
se détachèrent de leurs tribus mères qui, toujours en guerre
entre elles, comme les tribus américaines, campaient ou per-
chaient dans les forêts ou les landes d'au-delà du Rhin ; des
bandes, isolées ou réunies, ou se mêlant, de gré ou de force, à
des hordes puissantes qui venaient de plus loin, émigrèrent ou
se ruèrent à peu près partout en Europe et plus loin. Elles furent
repoussées ; mais des fractions prirent racine, en perdant leur
férocité native et leur *nationalité*. En peut-il résulter des droits
pour les descendants des tribus demeurées fixes?... Est-ce effectivement de là que les Allemands datent leur droit primordial? On est réduit aux suppositions : car s'ils l'invoquent, ils
ne le définissent.

(*e*) *Les Niebelungen* et autres poëmes nationaux dont il sera parlé dans
ce petit livre, parce que c'est là, paraît-il, que les Allemands puisent leurs
preuves de l'ancienne unité germaine.

(*f*) On verra les preuves de cette foi punique, *fides prussica,* au chapitre
intitulé : *le Primordial et les agrandissements de la dynastie des Brande-*
bourg.

L'étude de ce droit fait principalement l'objet de ce petit livre. Ils sont entêtés, les Allemands ; mais intelligents et honnêtes, lorsqu'ils ne sont dans l'ivresse primordiale. Espérons pour eux et pour la paix de l'Europe qu'ils verront enfin la vanité et le vide de leurs prétentions ; qu'ils se souviendront de l'incertitude des batailles et du danger des victoires royales ; qu'ils reliront leur histoire, avant de se livrer aux Brandebourg.

Mais, pourrait-on dire, le primordial droit et le pangermanisme ne sont que des pantalonnades qui n'ont de sérieux que le sérieux avec lequel les Allemands en discourent ? — Non : ce sont ces prétentions qui ont donné lieu à des faits déjà très-graves : au démembrement du Danemark, et à d'autres violations de ce qui est, en France, appelé *le droit des gens*. Elles sont donc subversives de la paix et de la morale publique. Il est donc bien d'en montrer le danger, en même temps que le mal fondé et le ridicule.

En les examinant, ces rodomontades et ces prétentions, il n'a pas toujours été possible de maintenir le ton grave qu'ont habituellement les discussions historiques, c'est-à-dire de retenir les moqueries et la satire qui débordaient. Que le lecteur pardonne donc à quelques plaisanteries. Dans la presse, nos écrivains prennent le ton élevé pour rendre compte d'œuvres grandes ; mais ils en ont un autre, lorsque, dans le même article quelquefois, ils parlent des Folies-Dramatiques ou Marigny. Du reste, les facéties sont surtout renvoyées dans des notes qui peuvent être délaissées par ceux qui voudront lire le principal.

Un mot encore : la censure et le blâme, même fondés, perdent à se revêtir de formes acerbes et quelques expressions pourraient, à première vue, paraître pécher contre les lois de modération que l'urbanité de la langue française impose. C'est que l'indignation et la colère ne peuvent pas être bien maîtrisées lorsque l'on parle des Brandebourg ! Que d'expressions très-justes, mais trop véhémentes, ont été raturées (g)! La langue et les mœurs anglaises sont plus commodes; elles permettent, ainsi que jadis en France, de parler comme on pense. En voici, au milieu de plus virulents, un échantillon tiré d'un journal qui a le renom d'être de bonne compagnie, *the Globe,* du mois de juin dernier :

· « Le gouvernement prussien, dit *le Globe*, a la réputation » peu enviable d'être le voleur (*the robber*) de l'Europe. Il a » jouë le rôle d'un voleur avec effraction ou d'un voleur de » grand chemin (*a burglar or high-wayman*), et quoiqu'il ait » été forcé à Prague de promettre de rendre une partie de son » vol, il n'a jamais cessé d'éluder l'accomplissement de cet en- » gagement solennel du traité.

» Par là, le gouvernement prussien montre qu'il ne se soucie » pas plus de garder sa parole vis-à-vis des puissances, que de » respecter les droits justes et naturels du Danemark......

» La conduite de la Prusse devient de plus en plus blâmable. » Pour le moment, se reposant sur ses fusils à aiguille et sur » l'alliance de la Russie, elle fait comme elle veut. *Mais cela* » *durera-t-il?* »

Quoique la paix soit dans des vouloirs presque unanimes, la guerre est comme dans l'air, soufflée par la Prusse. Que chacun apporte sa pierre pour l'édifice pacifique, et qu'ensuite les *maîtres* maçons choisissent parmi ces pierres ; rejetant les unes, taillant les autres aux facettes qu'ils voudront....

A toutes questions posées il faut une conclusion. A cet égard, au moins, ce petit livre ne sera reprochable ; il présente très-humblement trois combinaisons pour que la France fasse la

---

(g) Malheureusement les compositeurs n'ont pas dans leurs cases de caractères d'impression qui reproduisent *les mots raturés;* et alors l'écrivain n'a pas, pour une brochure, la ressource qu'il possède en rédigeant une lettre : une lettre sur laquelle il peut raturer les impertinences, plus ou moins légitimes, et les gros mots dont il ne veut heurter son correspondant, mais dont il veut laisser la pensée ou des traces.

guerre avec succès, si guerre il y a, malheureusement, et peut-être pour consolider la paix sans employer pour ciment le sang et la chair d'hommes. Dans ces trois combinaisons, les divers États de l'Allemagne, monarchies, principautés et villes libres forment une puissante confédération, en dehors de la Prusse et de l'Autriche. Ainsi compactisés, ils n'auraient besoin de protecteur; ils seraient, en très-grand, ce que la Suisse est en petit; chaque État demeurant souverain. L'Autriche et la France sont alliées. Robber Brandebourg restitue le produit de ses usurpations et est traité comme doit l'être tout « perturbateur du repos public. »

PANGERMANISME

ET

DROIT PRIMORDIAL ALLEMAND

TEMPS PRIMITIFS ET BARBARIE DES PEUPLES.

Aux plus vieilles époques saisissables, les peuples forts pillaient les faibles, et, si les forces s'équilibraient, chacun choisissait le moment propice. Ce qui, des vaincus, n'avait pas été occis ou mis en esclavage, allait ailleurs chercher un refuge, ou un secours, ou un dédommagement. L'épuisement amenait des relâches, mais pas de traités liant l'avenir. Tel fut longtemps l'état *normal* des peuples de la rive droite du Rhin à la Scythie, et vers le Pont-Euxin, vers la mer Caspienne, d'où vinrent les grandes hordes ; les grandes hordes qui, se recrutant dans les pays appelés allemands aujourd'hui, se ruèrent, en y laissant des amas de morts et de vifs, sur les Gaules, sur l'Italie, sur l'Espagne et jusqu'en Afrique.

Aux temps où étaient appelés *Barbares* (1) par les

---

(1) Étrangers, grossiers : encore aujourd'hui, la langue officielle chinoise appelle *Barbares* tous les peuples étrangers, surtout les Européens. Si l'on remontait à l'origine de cette appellation, il faudrait reconnaître que les Européens n'étaient effectivement que des sauvages à des époques auxquelles les Chinois possédaient déjà tout ce qui constitue la civilisation. Ils sont peut-être autorisés à persister, par d'autres motifs, dans leur ap-

Grecs, tous ceux qui ne parlaient pas la langue grecque, et par les Romains, tous ceux qui ne parlaient le
grec ou le latin, Romains et Grecs commirent des
actes que réprouveraient la civilisation moderne et la
grande charte qu'un simple particulier, *Grotius*, promul-
gua, au dix-septième siècle, sous le titre de : *De Jure
belli et pacis :* du Droit de guerre et de paix ; la grande
charte que les Puissances dirigeantes n'ont pas encore
voulu édicter en commun conseil ; chacune prétendant in-
terpréter seule et au plus juste son droit, et chacune effectivement, avant d'aller en guerre, invoquant Dieu dévotieu-
sement. Mais depuis la civilisation imparfaite jusqu'à celle
qui a presque atteint la perfection dans les arts et l'industrie, dans les sciences morales et politiques, dans la dé-
vastation et le massacre ; depuis que l'on a tracé sur le
marbre ou le papyrus ou le papier, les annales des peuples, on ne trouverait d'actes comparables à la violation
de traités formels et à l'abus de la force commis, en l'an
1864 de l'ère chrétienne, par les Allemands contre le Danemark. Où faut-il fouiller pour voir des méchants déclarer
à un faible que tel acte est nul, de par le *droit* (2) *primor-*

pellation, en voyant la nation anglaise les obliger, à coups de canon, au re-
trait de leurs lois contre le poison appelé *opium,* et à l'adoption de certaines ordonnances commerciales qui ne leur convenaient.

(2) On sait et l'on ne saurait trop rappeler que la Prusse, comme toutes
les *grandes puissances* et aussi tous les souverains principaux de la Confédération germanique, avaient, par un traité spécial et assez récent (1852) qui
statuait sur la future succession au trône danois, reconnu les droits du
prince qui en prit effectivement possession. On sait aussi qu'un jour la sus-
dite Confédération, sous prétexte que les Holsteinois étaient plus Allemands
que Danois et entraient à ce titre dans le giron allemand, s'avisa de prétendre que le roi de Danemark devait donner aux Holsteinois des lois plus
libérales qu'ils n'en avaient (et, soit dit en passant, qu'aucun peuple allemand n'en possédait), et décréta, contre le roi, sommation et exécution
fédérale. L'Autriche y prit part malgré elle et pour contrebalancer l'ambition de la Prusse : l'équité veut que cela soit dit. A la honte de l'*autre,* les

dial du fort contre le faible ; et le faible, n'y consentant, être égorgé. En réduisant, jusqu'à la dernière expression, les proportions de la guerre du Sleswig-Holstein, on arrive aux qualifications du journal anglais : *Robber-High-Way-man*, on arriverait à la cour d'assises et finalement à la potence (3).

Les Danois sont devenus faibles par l'accroissement de la puissance des autres, et il est remarquable que ce soient eux, peuples honnêtes, qui aient souffert des deux grands

déclarations et les actes de l'empereur d'Autriche témoignent qu'à aucune époque il n'a eu la pensée de tirer, de son expédition, un lucre. Le Danemark résista courageusement, mais Dieu se prononça contre lui (style prussien).

La Prusse, devenue maîtresse absolue, confisca à son profit dans l'*intérêt allemand*, le Holstein allemand, plus, le Slesvig danois, dans lequel se trouvent çà et là, comme partout, comme en Amérique, des gens de race allemande. Pourtant, après l'insistance de l'empereur d'Autriche, en faveur du Danemark, et l'intervention de l'Empereur de France, au traité de Prague, la Prusse dut s'engager à consulter les Slesvigois du Nord sur le choix de leur nationalité ; mais le traité n'a pas dit : *tout de suite.....* et depuis lors, par des persécutions diverses, et encore par l'obligation imposée de prêter serment d'amour et de fidélité au grand confisquant, *les Danois s'enfuient* vers ce qui leur reste de frères, et *des Allemands d'Allemagne les remplacent.....* lorsque les choses seront arrivées *à point,* le roi de Prusse, fidèle à sa promesse, convoquera les comices slesvigois.

Ces temps derniers, l'indignation générale ayant comme des hoquets, le gouvernement de Prusse offrit d'exécuter le traité, tout de suite, il a peut-être dit généreusement... avec cette réserve que les Allemands du Slesvig seraient sous la protection du roi de Prusse, le protecteur des intérêts allemands..... ce qui lui permettrait d'intervenir contre le Danemark à la première mise en prison d'un coquin ou à la première *querelle d'Allemand* soulevée contre l'autorité danoise ; ce qui permettrait au défenseur des intérêts allemands de confisquer Copenhague et le reste, pour sa peine et dans l'intérêt allemand.....

Et tout cela se passe aux ans de grâce 1865, 1866, 1867, en présence de toute l'Europe qui n'a pas à s'ingérer dans les intérêts allemands, sous peine de guerre.....

Et après ses confiscations de nations et portions de nations, le gouvernement prussien a envoyé des *formules de prières* dans lesquelles Dieu est invoqué *en faveur du roi si éminemment chrétien :* et partout où il règne, ces prières sont récitées après chaque office principal du dimanche.

Et l'on craint de froisser les susceptibilités de ce chrétien, en lui rappelant le traité de Prague...

(3) Voir la note (g) à l'avant-propos.

2

forfaits de ce siècle : ayant vu leur flotte et leur capitale
brûlées en 1807 par les Anglais, sans préalable déclara-
tion de guerre. De son forfait l'Angleterre a toujours eu
honte ; du sien, la Prusse a chanté le *Te Deum justum* et
son Roi en a mis un laurier sur son casque. Il en a aussi
décrété un monument (4).

« Le Holstein est allemand, disaient les Allemands ; et
» là où il y a des Allemands et où l'on parle allemand, c'est
» l'Allemagne imprescriptible, la savante, la loyale, l'an-
» cienne et l'héroïque par excellence ! » — Mais quelles
sont les limites de cette Allemagne nouvelle, lui a-t-on
demandé, et que deviennent alors les traités et les déli-
mitations des Peuples? — « Le droit primordial de la
» grande Allemagne, les droits du Pangermanisme, sont
» supérieurs à tous les traités. »

DU DROIT PRIMORDIAL ALLEMAND ET DU PANGERMANISME.

Ces mots : *droit primordial*, dominant les traités, sont
proférés par de nombreux journaux et orateurs, qui don-

(4) Qu'ils sont outrecuidans, anti-chrétiens et contraires à l'amour de la
paix future, ces monuments d'une victoire d'aujourd'hui ! Tour à tour chaque peuple érige une colonne, baptise une rue, coule un lion de bronze,
rappelant la défaite d'un autre peuple qui devient vainqueur à son tour.
Y aura-t-il jamais amitié sincère tant que de pareils monuments subsiste-
ront ?

Les anciens comprenaient mieux la gloire et les trophées. Laissons à ce
sujet parler Plutarque qui, quoiqu'ancien ami de l'auteur de la *colonne
trajane*, et peut-être à cause de cela, a dit : « Il y a quelque chose
d'odieux et c'est vouloir perpétuer les haines que de rétablir et restaurer
les monuments des anciennes querelles, que le bénéfice du temps a ruinés.
Chez les anciens (il mourut l'an 140) et dans l'origine, les trophées n'étaient
que des amas d'armes et de dépouilles élevés sur les champs de bataille,
dédiés aux Dieux; mais, tombant de vétusté, jamais rajeunis. » Après les
batailles, les rois font la paix. Ils se visitent, et chacun voit chez les autres,
dans les rues et dans les musées, des tableaux et des monuments de la défaite de son pays, et même quelquefois d'actions réprouvées.

nent la pensée allemande ; antrement ils s'éteindraient
comme une lampe sans huile. C'est cette prétention sub-
versive qui a suscité l'abominable croisade contre le Danemark, et peu s'en fallut qu'elle n'allumât une conflagration universelle, à l'occasion de la forteresse du Luxembourg qui a été, jadis, sous un sceptre allemand, qui possède quelques habitants de race allemande, et où la Prusse
tenait garnison, au nom de la défunte Confédération germanique, tuée et enterrée par la Prusse : ce qui faisait
dire aux Prusso-Allemands qu'ils avaient pour eux, dans
cette question, et le droit primordial et le droit résultant
de l'un des chapitres, tacitement réservé des constitu-
tions de la défunte : le *droit primordial* allemand possé-
dant encore cet avantage spécial de donner à la loyale Allemagne la faculté d'invoquer ou annuler, à son gré, tota-
lité ou partie d'un traité ; et encore cet avantage, exclusivement allemand, de marquer d'un sceau indélébile
toute toison une fois saisie.

Droit primordial et Pangermanisme ont été enfantés par
la Société du *Nationalwerein* qu'en France, au bruit de
quelques tirades, on crut d'abord être républicaine, mais
qui n'était que frottée de libéralisme. Cette société parais-
sait aussi, à son origine, être redoutée par le gouvernement prussien. Mais l'habileté de ce gouvernement l'a dis-
ciplinée et en a fait servir les aspirations à ses fins.

On a pu croire encore un instant que cet anti-libéral
gouvernement (5), entêté dans sa querelle avec la majo-

(5) Rien de ce qui touche aux questions de politique intérieure d'aucune
nation ne sera examiné ici : mais il rentre dans l'esprit anti-prussien de
cette brochure de dire que la Prusse n'a pas plus de liberté qu'un lièvre
dans une basse-cour : que la première condition d'un gouvernement constitutionnel manque aux libéraux prussiens et que leur superbe s'en accom-

rité des députés n'avait voulu la guerre de 1866 que pour entraîner les Prussiens dans ses eaux et y noyer l'opposition. Si persistante était la querelle, que l'on a, pendant quelque temps, annoncé que le Roi allait abdiquer plutôt que de céder aux libéraux ; on vit bientôt que le but de la guerre, préparée de longue main avec l'Italie qui devait venir par derrière, était la domination de l'Allemagne....

L'empire prusso-allemand n'a sans doute, dans la gent princière, d'autres applaudisseurs que les quelques principicules dont la *souveraineté* était déjà conduite par la Prusse ; — tous les serviteurs s'enorgueillissent de la grandeur de leur maître, — mais la masse allemande, excitée, enfin, au cri : *unité*, après avoir été tant retardataire et n'avoir fait que ce que le livre des *Théories militaires* appelle *marquer le pas*. c'est-à-dire n'avoir fait que remuer les jambes sans avancer, la masse veut l'empire qui lui donnera, croit-elle, cette unité : cet empire fut-il prussien, c'est-à-dire césarien. Brandebourg irrite la susceptibilité des Allemands, en dénonçant les prétentions de la France sur certaines contrées ; il attise leur orgueil, en leur faisant prêcher par ses docteurs le droit primordial, jouer par ses musiciens la fanfare pangermanique et chanter l'hymne du Rhin allemand ; et comme on sait que « *les gou-* » *vernants de la Prusse* (6) ont franchement déclaré que,

---

mode; la liberté pour les membres d'un Parlement de parler en toute vivacité et conscience, sauf le *quos ego* du président et le blâme de l'opinion publique. Sur la plainte du gouvernement prussien les députés sont poursuivis pour les discours par eux prononcés à leur tribune..... *et il y a des juges à Berlin* pour les condamner. Voyez tous les journaux des 28 et 29 *juin dernier*. Et il s'agissait de harangues datant d'avant la grande guerre..... Du reste, les juges de Berlin et même un président jouissent de moins de considération qu'un major. Les officiers sont en Prusse la caste de première classe ; comme dans l'Inde les Brahmes.

(6) Cette *citation de paroles officielles* est prise dans une brochure que vient

» lorsqu'il s'agit des intérêts de la Prusse, le but justifie les
» moyens et la question de droit devient indifférente ; que
» leur devise est de tout sacrifier à la Patrie ; » comme on
sait que, par tradition et instinct, ces *gouvernants* sont habiles à profiter des moments propices, et qu'ils sont aveu-
glés par leurs succès et que la guerre leur servirait à lier
les peuples allemands entre eux et les relier tous à la Prusse ;
on croit à la guerre, à la guerre suscitée par la Prusse : car
aucune autre nation n'en a besoin et ne la veut ; aucune
autre nation n'est folle. On s'écria alors contre le rapide
dérangement du routinier et européen équilibre : on essaya
même de contester aux susdits gouvernants le droit d'unifier à leur profit l'Allemagne.

Ce dernier point regarde les Allemands, qui (leurs libéraux y poussant) ont parfaitement le droit de se donner
corps et âme. Quant aux confiscations de nationalités allemandes, l'Europe ayant laissé démembrer le Danemark,
non-seulement d'une province appelée allemande, mais

---

de publier un Hollandais sous le titre de : *L'Empire prussien et l'Apocalypse*.
Ce publiciste, bon patriote et bon écrivain, évangéliste et conservateur des
doctrines royalistes, « se défend d'avoir insulté le roi de Prusse et de l'avoir
« identifié avec l'antechrist ; » comme il paraît avoir été accusé de l'avoir
fait dans une brochure précédente : Il accuse « la manière dont *l'homme*
« *d'État prussien* a fait servir le parti révolutionnaire à l'accomplissement
« de ses vastes desseins. » Il redoute *cette manière* que les vrais conservateurs n'eussent pas employée et il redoute ces desseins pour son pays : mais
faisant surtout appel à ses amis les conservateurs de Berlin, il est douteux
que sa brochure ait la valeur qu'avaient les écrits consciencieux, il y a
cent cinquante ans, ou la valeur des vieux coups de canon hollandais de ce
temps-là.

On trouve dans cette brochure peu de sympathie pour la France (et ils
ont bien tort : qui les défendra, les petits peuples, si ce n'est la France ?).
On y trouve beaucoup de noms propres ; et comme ici, la guerre n'est faite
à aucun homme, même au roi de Prusse, ni à aucun nom, et qu'au contraire hommage plutôt serait rendu aux qualités privées et patriotiques de
quelques-uns, comme la guerre n'est *faite qu'au système brandebourgeois*, les
noms posés dans la brochure du bon Hollandais ont été remplacés par les
mots : *Gouvernants prussiens*.

d'une autre province parfaitement danoise (le Slesvig), les gouvernants prussiens avaient toute liberté d'user du *droit de l'épée*, contre le Hanôvre et la Hesse grand'ducale, et Nassau, et Francfort. Quelques-uns de ces peuples n'avaient point dégaîné contre la Prusse, mais immémorialement le droit germanique de l'épée est absolu.

Mantua væ..... nimium vicina Cremonæ,

a dit Virgile, à propos de confiscations. *Væ victis*, avait dit avant lui le Gaulois Brennus et diront bien des vainqueurs... jusqu'au jour où les peuples ne consentiront plus à abandonner à quelques individualités le droit de massacre. On y arrivera. Déjà l'on discute sérieusement les projets de *paix universelle* qui n'avaient eu longtemps qu'un succès de fou-rire (7).

Le point capital est de conserver ses conquêtes. La honte d'être confisqué, et l'amour de certains peuples pour leur dynastie et pour leur autonomie; des antipathies de mœurs et d'intérêts y forment de longs empêchements. Si guerre il y a bientôt, les provinces confisquées par la Prusse se soulèveront au premier instant favorable. Les revers nous ont fait perdre de folles annexions qui s'étendaient au Nord jusqu'à l'Elbe; au Midi jusqu'à l'Adriatique, jusqu'au Tibre : trente à quarante mille lieues carrées et cent millions d'âmes, avec d'autres nations pour vas-

---

(7) On a cité, comme auteurs de projets de paix universelle, d'abord le gascon Henry IV, qui est effectivement l'auteur de très-bons mots; plus sérieusement, l'abbé de Saint-Pierre qui s'occupa fort peu des peuples et n'avait en vue que le bonheur des rois; Kant, de la Pologne prussienne, qui posa, lui, les bases pratiques d'un véritable Code de la paix international; Saint-Simon, dont les écrits ont fondé une école qui a rendu de grands services à la science économique. On a oublié le chapitre d'Erasme sur l'*Enseignement du prince chrétien*. On a oublié surtout notre constitution de 1791 qui faisait renoncer la France à toute guerre contre la liberté des peuples, et retirait au Pouvoir exécutif le droit de la déclarer.

sales. Les revers vinrent surtout de la colère des peuples démembrés et vassalisés : y aidant *Albion* qu'on appela longtemps perfide mais qui agissait, non-seulement par haine séculaire, mais *pro domo suâ*, en soudoyant l'Europe contre nous. De leur liberté intérieure, les peuples laissent souvent faire litière : les plus petits ont la haine de la domination étrangère.

Tous étaient dans leur droit, soit dit cependant avec cette restriction que celles des troupes allemandes qui, d'abord nos auxiliaires et dans nos rangs, aux funestes journées de Leipsic, n'étaient point dans le *de jure belli et pacis,* lorsqu'à la fin de l'action elles se retournèrent tout-à-coup contre nous et nous firent perdre une bataille qui décida de la ruine de Napoléon Ier. Mais, sur le droit des gens, beaucoup d'Allemands ont un principe *sui generis* qui vient d'être appelé spécial et qu'ils font découler de leur *droit primordial.* Tout à l'heure, pour rendre plus saisissante l'immoralité de la coupure faite au Danemark, elle a été réduite aux proportions de héros de cours d'assises ; et si l'on rapetisse de même la bataille de Leipsic, on trouvera un homme qui, au milieu d'un duel, voit son compagnon l'obliger à se battre des deux mains... et des vainqueurs entonnant le *Te Deum sabaoth.*

Ils ne s'apercevaient pas que les *Te Deum* et *Magnificat* de dix contre un étaient pour la France un suprême et glorieux hommage.

Ce petit livre montrera quelles seraient les conséquences du droit primordial de *pangermanisation,* et il était bien de rappeler ce que la poursuite de *ce droit* a fait commettre aux Allemands dans les deux occasions où, sur les suggestions de la Prusse, ils l'ont déjà exercé. Autant

que l'Angleterre, la Prusse est l'ennemie de la France. En
Angleterre, il y a des ardeurs nobles et justes, du *moi*,
du petit et de l'injuste; en Prusse, il n'y a que du très-
petit et du *moi* dans les ardeurs grandes.

Quoique s'y liant, en réalité, la question d'une autocratie prusso-allemande est encore distincte de celle du
pangermanisme; c'est-à-dire de la prétention des Allemands à vouloir englober dans un empire unique tous les
peuples de race et de langage allemand.

Prétention analogue a été le panitalisme. Mais celui-là,
conduit par de vrais hommes d'État, ne s'est pas donné le
ridicule d'invoquer le droit primordial, ni l'histoire, qui
l'eussent fait remonter jusqu'à l'Empire romain pour trouver une Italie *une*, et encore y eussent-ils été plus fondés,
puisque l'unité n'a jamais été parmi les Germains : jamais! Cavour a invoqué le droit qu'ont tous les peuples
de faire ce qu'ils veulent d'eux et chez eux et *la France*
leur est venue en aide, par des motifs qu'il est inoppor-
tun de rappeler.

Prétention contraire à la liberté des peuples est celle
des États-Unis d'Amérique, qui ne veulent pas de mo-
narchie dans le Nouveau-Monde, mais une panerépublique,
et qui, égoïstes et envahisseurs comme la Prusse, sacri-
fient quelquefois à cet égoïsme la pratique de préceptes
qui sont en honneur dans le monde ancien.

Prétention du genre pangermanique, mais non avouée
aussi superbement, est celle du panslavisme, ou réunion à
la Russie de tous les peuples de race slave et de leurs
territoires, bien entendu.

Et encore celle des Grecs, criant haut et fort, comme
de petits coqs, que le panhellénisme est la légitime an-

nexion à leur royaume de tous les peuples et peuplades, y compris Constantinople, où la majorité et même la minorité parle l'un des treize idiomes de la langue grecque (8), fait le signe de la croix et « casse les œufs à la coque par le petit bout, » l'orthodoxe bon bout.

Ces petits coqs sont courageux, mais ils ne peuvent causer à la Turquie que des embarras : n'ayant pas même la puissance de chasser les voleurs qui pillent jusqu'aux environs de leurs villes. Il ne paraît pas que le panslavisme inquiète beaucoup l'Autriche, qui a peut-être aujourd'hui les sympathies de tous les Slaves, y compris les Polonais. Quant au pangermanisme, ayant déjà réussi contre le Danemark, il n'est pas que bouffon, il est menaçant pour les peuples faibles et insultant pour les autres.

Un bon Allemand, éveillé ou dormant, rêve aujourd'hui de pangermanisme. S'il a dormi dans son lit, son bonnet sera gisant, tous les matins, au pied du mur de sa chambre (n'ayant pu être lancé plus loin) ; s'il boit de la bière, il lancera sa chope vide ; s'il est ivre de logique et de gallophobie, il est prêt à soutenir le droit primordial de l'Allemagne, *unguis et rostro*, et à trouver un mot latin pour traduire les mots : fusil à aiguille. Ils sont, les Allemands, tout le monde le sait, grands raisonneurs et savants de naissance (comme tous les Espagnols sont nobles), grands querelleurs, batailleurs et buveurs de bière (9), à défaut de

---

(8) Treize est le chiffre exact, avec cinq sortes de style et y compris le grec antique que les savants cultivent : car il y a en Grèce des savants et peut-être plus qu'ailleurs, relativement.

(9) Le dictionnaire de la sagesse des nations, vulgairement *des Proverbes*, a, dans toutes les langues, adopté celui qui dit : « *querelle d'allemand*, pour indiquer une querelle suscitée sans raison. » Ce dicton remonte à l'époque

vin, fumeurs, mangeurs de choucroute (*sauerkraut !*), patriotes ; et il faut ajouter, ce sera justice, grands têtus et
honnêtes gens ; honnêtes en ce sens que le voyageur cité

qui donna le nom d'allemands à une réunion de querelleurs rapaces d'au
delà du Rhin. (Voir ci-après).

L'entêtement des Allemands a aussi enrichi les mêmes dictionnaires.
Leur richissime langue sera appréciée aux notes nos 15 et 28.

La citation d'une autre ancienne *coutume* pourrait d'abord sembler être
une injure. Que le lecteur lise le deuxième chapitre du second livre de
Montaigne, parlant de la nation qui « tient cette coutume en crédit. »
Qu'il lise huit autres ouvrages constatant l'*immémorialité* de la coutume
Tacite, par exemple, signale *le faible* que les Germains avaient pour le vin,
à ce point que ces peuples, si difficiles à vaincre par les armes, sont, dit-il,
facilement subjugués si on leur fournit du vin autant qu'ils en veulent
(ils n'en fabriquaient alors). Aussi les Suèves avaient-ils prohibé l'entrée
de cette « boisson enchanteresse » sur leur territoire. Qu'il lise, le lecteur,
et écoute les voyageurs les plus accrédités ; qu'il lise l'ordonnance souveraine suivante des princes et électeurs de Trèves, de Wurzbourg, de Spire,
de Ratisbonne, cinq comtes palatins du Rhin, margrave de Brandebourg
et landgrave de Hesse, s'exprimant ainsi officiellement : « Après avoir as-
» sisté personnellement au tir de *Heidelberg*, nous nous sommes tous con-
» vaincus que l'usage grossier des jurements et les excès de boisson occa-
» sionnent une foule de maux parmi les Allemands ; c'est pourquoi nous
» tous, électeurs et princes susmentionnés, nous nous sommes engagés,
» d'un commun accord et à la louange de Dieu tout-puissant, de nous abste-
» nir, en ce qui nous concerne personnellement, de jurer, de blasphémer
» et de nous enivrer ou du moins de ne plus le faire qu'à moitié (*zur ganz-
» licher oder am Wenigstens halber abstellung*). Nous ordonnons en même
» temps, sous menace d'une peine spéciale, à tous nos fonctionnaires su-
» périeurs et inférieurs, aux officiers et employés de nos cours, à nos su-
» jets et à leurs parents, de suivre notre exemple. Les chevaliers sous notre
» juridiction sont également invités à nous imiter et à ne plus se livrer au
» blasphème, ni à l'ivrognerie, ou du moins à ne le faire qu'à moitié, comme
» nous, électeurs et princes souverains. » Cette ordonnance est historique, et
que le lecteur soit bien convaincu que tout ce qui est ici cité, comme tiré de
l'histoire, est strictement historique. Il y avait en ce temps-là, et il y avait
encore assez récemment, dans les salles de festin, en Germanie, un person-
nage appelé *Stilschweigengebieter*, dont les fonctions consistaient à ne boire
qu'au quart et à demeurer debout contre un pilier sonore qu'il frappait
d'un bâton, lorsque l'ivresse ou les disputes dépassaient les bornes per-
mises par les convenances allemandes. *Encore aujourd'hui il y a*, dans les
hauts parages, un fonctionnaire chargé de fonctions analogues, sous le titre
de *Oberstrabelmaster*.

Les Romains vidaient trois coupes en l'honneur des trois Grâces, et neuf
lorsqu'ils buvaient aux Muses. Les Germains, devenus savants, boivent
sans doute et d'abord *aux Muses* dans leurs *Widercomés*, sauf à sacrifier ensuite *aux Grâces*.

C'est bien effectivement d'Heidelberg que devait être datée (*post*, et non par Cicéron (10), chargé d'or et rencontré dans une forêt noire, aura, en Allemagne, plus de chances qu'en beaucoup d'autres pays d'être respecté et même gratuitement aidé dans le transport de son lourd fardeau... à moins qu'il ne soit Français ; auquel cas on pourrait l'obliger à ajouter des pierres à son or (*quid*, en Prusse?). Les Allemands ont du dédain pour tous les autres peuples, et contre les Français, une animosité qu'il leur serait bien difficile de justifier.

De quel Sigmareingen, Drechstntein, Hildbrgausen ou autre hausen est parti l'axiome de droit primordial, commenté ainsi par ceux qui consentent à raisonner : « La » choucroute (*sauerkraut!*) est un mets allemand : qui » oserait le nier? La langue allemande est la langue des » Allemands ; qui oserait nier qu'il faut être Allemand » pour parler cette langue? — C'est l'opposé de la langue » française, qui est de fantaisie partout, et de l'italienne, » qui est de convention en Orient. Donc, et aucun sem- » blant de droit ne pouvant prescrire contre le primordial, » ni contre la raison allemande, qui est la mère de toute » raison, comme sa langue est la langue mère (11) ; donc,

point, sans doute, *inter pocula*) l'ordonnance souveraine de sobriété alle- mande. C'est dans cette charmante ville qu'était le plus magnifique château, et, dans ce château, la plus grandiose tonne de vin. Le château étale en- core les plus splendides ruines connues : la tonne a été plus respectée par les hommes et le temps; mais, hélas, elle est vide! On y insérait 300,000 bouteilles. A côté est encore une autre tonne un peu plus petite. Si majes- tueuses qu'elles fussent, c'étaient comme des minuscules comparativement à la capitale tonne de Kœnigstein, en Saxe, qui renfermait 1,069,333 pintes de bière.

(10) *Quòd si pœna, si metus supplicii, non ipsa turpitudo deterret ab injuriosâ, nemo est injustus : at incauti potiùs habendi sunt improbi. Tum autem*, etc. (*De Legibus, lib. I*er.)

(11) De savants auteurs ont démontré que c'est l'allemand qu'Adam par- lait (voir la note nº 28), et que, par conséquent, c'est la langue que parlent Dieu et les anges lorsqu'ils conversent.

» tous les pays où l'on mange de la choucroute (*sauer-*
» *kraut!*) et où l'on parle l'allemand (*deutsche*) ou ses
» patois, sont allemands, et doivent être restitués à la
» grande Allemagne. Cela est clair comme le vin et l'eau
» du Rhin allemand. »

L'argumentation est donc dans ces quatre mots facé-
tieux : *choucroute, bière, patois, primordial.*

Cependant, comme il y a toujours une certaine gravité
dans les prétentions d'un peuple qui est aussi têtu que
fort, et aussi fort que têtu; comme les deux précédents
qui ont été cités tout à l'heure, et entre autres, montrent
jusqu'à quels excès les Allemands peuvent se porter ;
comme encore les pangermains ne se bornent pas à faire
d'eux et chez eux ce qui leur convient, mais qu'ils font,
comme aux temps barbares, des *courses*, et qu'ils nient à
quiconque le droit de *s'ingérer* dans leurs invasions et confiscations en dehors de l'Allemagne ; il faut examiner le pangermanisme et ses prétentions aux points de vue historique,
logique et géographique. Que le lecteur pardonne alors aux
quelques expressions et citations qui peuvent avoir ici
comme une odeur de pédanterie.

DU VÉRITABLE ET HISTORIQUE DROIT PRIMORDIAL : LIMITES DE LA GAULE ET DE LA GERMANIE.

Le mot *primordial* est formé de deux mots latins : *pri-
mus*, premier, et *ordo*, ordre : le premier en ordre. On
dit : les montagnes primordiales; un titre primordial. Et
c'est ce titre que les Allemands invoquent.

« *Sunt igitur solida primordia simplicitate,* » a dit le
poëte Lucrèce; et très-simple effectivement est la question

du *primordium* allemand. Il faut d'abord poser comme *certain* que tout ce qui concerne les peuples d'au delà et d'en deçà du Rhin est, pour les temps primordiaux proprement dits, *incertain*. Les annales manquent : Il y en a eu, paraît-il, dans les Gaules, mais elles ont été perdues ; y en a-t-il jamais eu dans la Germanie (12)? Ces peuples venaient-ils de l'Orient, comme de très-célèbres écrivains l'ont prétendu, ou venaient-ils des contrées septentrionales, comme d'autres savants l'ont écrit? Si le lecteur veut être édifié, non point sur la vérité, mais sur les discussions auxquelles cette question a donné lieu, qu'il lise les 267 auteurs (13) et les 341 ouvrages qui se sont occu-

(12) « On ne peut guère décider si les Teutons avaient des caractères » d'alphabet, ni desquels ils se servaient avant Charlemagne qui, le premier, » dit-on, fit composer une grammaire dans leur langue. » (*Essai sur les langues*, par Sablier, 1781.) Les auteurs fourmillent de preuves contraires en faveur des Gaulois ; en voici une qui se trouve accidentellement dans le même auteur : « *César* voulant donner un avis à *Quintus Cicéron*, lui écrivit » en grec ; afin, disait-il, que si sa lettre était interceptée, elle ne fût point » entendue par les Gaulois. » A l'époque de la conquête de leur pays, il y avait donc déjà des Gaulois qui savaient le latin et qui le lisaient. Or, il faut être arrivé déjà à un certain degré de civilisation pour apprendre une langue étrangère. Ils se servaient des caractères grecs, sans savoir pour cela le grec. Des auteurs romains et des modernes ont cité de leurs inscriptions écrites avec ces caractères. La question de savoir à laquelle des deux nations, Grèce ou Gaule, ces caractères appartenaient, ne peut pas être discutée ici.

(13) Parmi ces auteurs, il en est qui font *tout partir* du Septentrion et donnent même des détails, par exemple sur les mœurs dissolues de la cour scandinave du roi Saturne, père du prince Jupiter, qui alla fonder des colonies en Scythie, en Germanie, en Illyrie, en Grèce, en Candie, en Égypte. Si curieux que soient ces détails et intéressants pour élucider divers points de la question du Primordial germain, on hésite à étudier ces questions de trop près, après avoir lu ce qu'en disait, à la fin du dernier siècle, un savant et consciencieux auteur : « Les savants de toutes les nations s'accordent à » dire qu'il est impossible, non-seulement d'obtenir une connaissance exacte » de l'histoire des antiquités *du Nord*, mais même de soulever un des coins » du voile qui les dérobe à nos yeux, si l'on n'a fait préalablement précéder » ces recherches d'une étude sérieuse des principaux idiomes en usage chez les peuples qui ont autrefois habité ce pays. » C'est ainsi que parle Pougens en son *Essai sur les antiquités du Nord et les anciennes langues septentrionales*. La race de ces savants est éteinte : cet essai ne devait être qu'un fragment d'une histoire philosophique des langues qui, elle-même, ne devait

pés « de ce beau sujet ; » ou si, ce qui est possible, il n'en a pas le temps, le lecteur, ou la vocation spéciale, qu'il admette, comme résumé, la phrase suivante : Des auteurs fort éclairés ont dit qu'étant impossible de poursuivre physiquement la filiation et l'origine des peuples, c'est par l'étude de leurs langues qu'il faut chercher et que l'on trouve quelquefois, sinon cette filiation, au moins la parenté.

Il semble suffisant de citer ici quatre auteurs, dont deux assez récents.

Simon Peloutier, en son *Histoire des Celtes* (14), exprime l'opinion fort raisonnée qu'il n'y avait, aux temps très-reculés, que deux peuples à peu près distincts en Europe : les Scythes et les Celtes ; que le gaulois (celte), le tudesque et le thrace étaient trois dialectes de l'ancien scythe.

L'Allemand de *Paw* dit en passant, dans ses *Recherches sur les Américains,* et comme une chose sans conteste, que « les Germains sont une colonie de Tartares. »

Fred. Schlegel démontre que les langues persanes, grecques, latines et germaines remontent à l'ancien indou ou sanskrit (15). Ce serait pour le Germain une belle no-

être que l'avant-propos d'un dictionnaire raisonné de la langue française, auquel il avait consacré vingt années de travaux et de voyages, et sa fortune. Du reste, tous ces grands et consciencieux travaux sont devenus très-précieux : ils servent à saupoudrer d'érudition les travaux faciles.

(14) Simon Pelloutier, ministre protestant à Berlin et fort savant, était issu d'une de ces familles françaises qui, chassées de France par la fanatique révocation de l'édit de Nantes, en 1685, allèrent, à l'habile instigation du *grand Électeur,* enrichir de leur science, de leurs capitaux, de leur industrie, la Prusse qui, alors, ne possédait rien de tout cela.

(15) Selon le savant Fr. Schlegel, la langue allemande descendrait du sanskrit, et il trouve une preuve de cette filiation dans certains mots qui expriment des idées et des objets semblables. En outre du respect dû à Schlegel, les gens non savants trouvent d'eux-mêmes une autre preuve de cette

blesse, s'il était le père des autres : mais il ne serait pas celui de la langue celtique ou gauloise, attendu que « Ta-» cite dit que cette dernière langue prouvait que les Gau-» lois n'étaient point Germains : et que, dans César, il est » écrit qu'Arioviste, prince germain, avait si longtemps « habité les Gaules qu'il en parlait la langue; » et quatorze autres preuves données par divers auteurs.

Fred. Schoel trouve de l'identité entre l'allemand et le persan, et il croit que les deux langues sont sorties du même fond, à une époque où les Gaulois (Celtes), les Ger-

filiation dans la faculté que possèdent les parleurs et écrivains allemands, de créer tous mots nouveaux nécessaires et possibles, et dans la longueur luxuriante de ces mots. En son *Livre des singularités*, le bibliophile Peignot cite le superbe mot allemand : *Kœniglichholfrauchfangskehrmeisteradjunct* (sic), qui se trouve dans l'almanach d'une cour allemande, pour désigner la qualité du second maître Ramoneur des cheminées de ladite cour. Cette citation serait, pour les vieillards moroses, une preuve que tout dégénère, car Peignot a certainement cité le mot le plus long qu'il ait rencontré en Allemagne (ce qui ne veut pas dire le plus long possible, pourrait s'écrire un bon patriote allemand), et il n'est pas, ce mot, aussi riche que le nom d'un sultan indien qui est cité aussi par Peignot et qui compte 24 syllabes et 62 lettres.

Il est à remarquer que certains mots iroquois, chirogas, mexicains, tête-plates, algonquins, etc., ont aussi une plus superbe longueur que tous les mots allemands connus. On pourrait faire encore certains rapprochements de mœurs et coutumes, et par exemple ceci : que les antiques Germains laissaient croître leurs cheveux et les liaient contre le crâne pour en faire *un bouquet*, ce que pratiquent encore les autres peuples qui viennent d'être cités, fidèles aux vieilles coutumes et toujours amoureux de leurs forêts, amour abandonné aussi par les Germains, et cela est bien regrettable. De tout cela on arrive à se dire : les Germains descendent-ils des Indous ou des Algonquins, Iroquois et autres, ou bien les Iroquois et Algonquins descendent-ils des Germains? Cette question est digne de l'attention des *pangermanistes*. Dans tous les cas, avouons qu'elles sont riches les langues indoues, allemandes et iroquoises! Quelle supériorité sur la langue française, qui compte tant de mots et de noms formés de deux ou trois lettres et même d'une seule lettre. Exemple : le comte d'O, surintendant des finances en 1582—1594. Oh! Allemands, grands Allemands! En *linguisticolongimétrie* (impossible de construire un mot plus long, et encore n'est-il pas français, et alors aurait-il été conspué au temps où le néologisme était un crime et même un ridicule), comme en fabrication de tonnes gigantesques, comme en matière de choucroute et en tant d'autres matières, mais non en droit primordial historique, la France vous rend les armes?

mains et les Thraces, trois peuples desquels descendrait
la population de l'Europe, n'avait pas encore abandonné le
berceau du genre humain. Cette opinion assez vague pourrait être la bonne.

Passons : arrivons aux temps que l'on puisse saisir ; non
pas seulement par des hypothèses et des rapprochements
de racines et de mots, mais par des témoignages authen-
tiques. Les auteurs disent que les peuples appelés germains
par les Gaulois, des mots : *ger* arme et *man* homme étaient
de rudes et terribles guerriers, invoquant déjà le *droit primordial* de la force et des invasions. Eux s'appelaient *Teuts*,
Titans, c'est-à-dire issus de Dieu, directement (16) et
par exellence. Titans, géans, frères des Cyclopes qui fabriquaient la foudre ; fils du Ciel et de la Terre; Teuts d'où
les Romains ont fait *Teutons*.

Si l'on examine les cartes du *monde connu des anciens*,
on remarque que certaines éditions ne font aucune mention
d'eux. Ils sont noyés dans les Suèves, dont ils formaient
une tribu, et les Suèves, eux-mêmes, dans les Hermions.
Sur d'autres éditions, plus détaillées, on les pose entre les
Saxons, les Longobarbi (Lombards), les Burgundes, comme petite contrée située vers l'embouchure de l'Elbe, que
l'histoire a classée parmi les Slaves. Mais en ces temps-là,
comme cela a été dit déjà, les plus forts s'emparaient des
contrées à leur convenance et émigraient beaucoup. Leurs
coutumes se sont perfectionnées peu à peu, pour arriver à
ne plus émigrer, tout en continuant de s'emparer des pays

(16) Ces mots : *Teuts*, *Titans*, fils des Dieux et habitants du Septentrion,
tout auprès de la Scandinavie, ne sont pas cités par *Pougens* parmi les arguments des auteurs qui placent au Septentrion le berceau des premiers hommes et le départ du *trop plein* pour le reste de l'Europe et l'Asie et l'Afrique, sous la conduite du prince Jupiter.

à leur convenance. Donc eux-mêmes ne s'appelaient pas plus Germains alors qu'Allemands aujourd'hui. Divisés en plusieurs peuples qui avaient chacun son nom, ils adoptèrent, plus tard, celui de *Teutsch*, qui n'appartenait qu'à une seule de leurs tribus : et comme ils se sont un peu adoucis, eux et leur langage, ils disent aujourd'hui *Deutsches*. De l'expression : *allemands*, ils ont *horreur*, et alors ne se servent, bien sûr; et cela se comprend, car c'est un sobriquet quasi-injurieux. Voici ce qu'en dit Etienne Pasquier en son tant célèbre livre : *les Recherches de la France*. Il rappelle que César, Tacite, Pline, Ptolémée ne font pas mention des *François* ni des *Alemans :* « tel- » lemement, dit-il, qu'il semble, que ce fussent, du com- » mencement, mots de faction forgés à plaisir par gens de » guerre; et que les François se baptisèrent, en cette » façon pour une liberté et franchise qu'ils avaient en » leur esprit, et que les Alemans s'appelèrent aussi de ce » nom, parce que, sur leur première venue, ils étaient » ramassés de toutes sortes de gens : car *man*, en langue » germanique, veut dire homme, et *al* tout : qui serait » pour se conformer à l'opinion d'Agathie (17) qui les » disait être rapiécés de toutes sortes de gens. »

« Le savant *Ménage*, qui a occupé longtemps une sorte de dictature dans la science étymologique, adopte cette explication du mot *alemand*. Il cite dans son dictionnaire et à l'appui de son opinion, divers auteurs qui se résument ainsi : *Alamani sunt peregrini qui, ex diversis gentibus, in unam gentem conveniunt* (18). Le résumé des historiens et géographes peut s'écrire ainsi :

(17) Agathias, historien grec du sixième siècle.
(18) Il y a bien : *conveniunt*, qui s'attroupent, s'assemblent, et non pas *con-*

3

» Les Germains vivaient dans les forêts, dans des landes, dans des antres. Ils n'avaient pas de villes ni de maisons bâties. Ils voulaient (chaque tribu) qu'il y eût autour d'eux forêts (19), ou stérilité et solitude, par précaution contre les représailles et invasions. Ils étaient de caractère franc et ingénu au milieu de leur sauvagerie : hospitaliers et prompts à donner comme à demander ce qui était à la convenance de chacun. Ils avaient des colons ou esclaves qui cultivaient quelques éclaircies et avaient soin des troupeaux; mais, pour eux-mêmes, les soins de l'agriculture étaient réputés ignobles; et ignoble il était d'acquérir par la sueur ce qui pouvait être acquis par le sang. Ils étaient, en même temps, ennemis du repos et amis de la fainéantise : ne faisant que « boire, manger et dormir, lorsqu'ils n'étaient point en courses. » L'amour du pillage et de la guerre était

venerunt, qui s'attroupèrent, c'est-à-dire que les auteurs parlaient du temps présent et certain, et non point par ouï-dire ancien. Cette réunion d'aventuriers et malcontents de toutes nations, Goths, Burgundes, Saxons, Teutschs, Francs, Gaulois, peut-être, etc., se fit d'abord en un lieu propice à la chasse immédiate aux bêtes et au départ pour la chasse aux hommes. Ce pays, qui n'était alors que bois, marais et landes, est devenu le mieux tondu et le plus délicieux de l'Allemagne, appelé naguère la Souabe, le Palatinat, et aujourd'hui le Wurtemberg, portion du pays de Bade et quelque voisinage.

(19) Chaque _tribu_ et fraction grande possédait sa forêt avec des éclaircies, et cela s'appelait _Marche_. Ils y tenaient, à leur Marche, autant qu'aujourd'hui les Berlinois et tous autres citadins ou paysans, à leurs villes et villages, et même plus. On peut juger de l'importance attachée à la conservation d'une forêt par ces seuls traits tirés des lois et coutumes germaniques recueillies par Grimm. « A l'homme qui aura enlevé l'écorce d'un arbre, on » ouvrira le ventre, et ses entrailles étant attachées à un clou sur la plaie de » l'arbre, on le fera tourner autour jusqu'à ce qu'elle soit couverte. » Une autre loi des moins sévères disait, dans une autre tribu : « De celui qui aura » coupé un arbre fruitier, on clouera fortement le ventre sur le tronc de » cet arbre. Sa main droite sera liée au dos, et, de sa main gauche armée » d'une hache, il se détachera s'il le peut. » Une autre tribu disait : « Si un » homme a mis le feu dans une forêt, on le maintiendra devant un feu ardent jusqu'à ce que la plante de ses pieds tombe. » Dans une autre : » On l'enveloppera dans une peau de bœuf saignante et on l'exposera au feu ardent. » Les Romains bâtirent quelques villes vers quelques frontières; c'est seulement du temps de Charlemagne que datent les villes véritablement allemandes.

le trait marqué de leur caractère. Ils ne connaissaient, du reste du monde, que leurs voisins, ravagés ou ravageurs. Pris en masse et parfaitement étrangers les uns aux autres, ils étaient appelés *germains* et occupaient des pays situés au-delà du Rhin : les plus éloignés étaient inconnus, les plus proches et les plus hardis traversaient le fleuve quelquefois pour aller à la rapine, sur la rive gauche, et aussi pour acquérir de la gloire dans les combats. La gloire avait pour eux un grand attrait, et sur cet article il y avait *émulation* entre les Germains et les Gaulois. César dit que, « dans les temps très-reculés, les Gaulois avaient eu l'avantage, puisque leurs colonies s'enfoncèrent dans la Germanie et en retinrent la possession. »

Dans cette question, les mots : *primordial* et *historique* ne peuvent pas être séparés : la raison le dit ; car autrement on ne sortirait du chaos. Or, on ne connaît de la Germanie antique que ce que les auteurs romains en ont dit, et ils n'en ont parlé qu'à l'occasion des guerres et poursuites faites par les Gaulois et les Gallo-Romains, en deçà du fleuve pour chasser ces féroces ; d'autres fois, au-delà pour les châtier. C'est le mot latin *ferox* qui est appliqué à l'ensemble germain et non point seulement celui de *barbarus*, grossier (20).

Qu'on lise les auteurs, tous les auteurs : César et Tacite disent presque dans les mêmes termes : « Les tribus » les plus belliqueuses de la Germanie convoitaient les » riches contrées d'en deçà du Rhin lorsque, etc. » Des

(20) Peloutier, le Prussien d'adoption, déjà cité, dit au chapitre 15 du livre 1er de son *Histoire des Celtes,* « les historiens conviennent que les » Suèves, qui faisaient partie des Hermions, étaient *les plus féroces* de tous » les Germains. » On a vu, plus haut aussi, que les Teutschs, qui ont donné leur nom propre à toute la Germanie, étaient une tribu des Suèves.

auteurs postérieurs portent : » Auguste reconnut que le
» Rhin avait toujours été et il voulut que ce fleuve con-
» tinuât d'être la limite de la Germanie et de la Gaule. »
Dion Cassius, écrivain du troisième siècle, dit : « Depuis
» que les Gaulois ont été distingués des autres peuples
» jusqu'à mon temps, le Rhin a toujours été regardé
» comme leur limite. » On lit dans Strabon, qui voyagea
pour s'instruire, sous les règnes d'Auguste et Tibère, et
l'auteur du livre le plus exact et le plus judicieux que nous
possédions sur la géographie ancienne : « Les Gaulois et
» les Germains ne sont séparés que par le Rhin. Ils se
» ressemblent en beaucoup de choses. Les Germains sont
» plus féroces, de plus grande taille et plus blonds. » D'autres auteurs prétendent, mais seulement par ouï-dire,
qu'ils mangeaient leurs prisonniers et immolaient leurs
vieillards (21).

Comme tout est écrit ici dans un sentiment de justice,

(21) Dans la plupart des tribus, les vieillards étaient considérés et se re-
connaissaient comme inutiles et à charge aux autres; mais les auteurs les
plus accrédités disent qu'ils se tuaient eux-mêmes après un dernier festin
d'apparat. Cette immolation était en accord avec leurs dogmes religieux
qui voulaient qu'allassent au paradis tout droit, ceux-là seulement qui
étaient morts violemment : les autres allaient se purger en purgatoire, sous
la férule d'un sous-Dieu fort rigoureux. Voici ce que disent les auteurs :
« Ne connaissant d'autre plaisir que boire, manger, dormir et se battre, ils
» faisaient de cela l'unique occupation des bienheureux du paradis..... D'abord
» qu'ils sont habillés, ils prennent leurs armes et se rendent à la place com-
» mune où ils se terrassent les uns les autres à grands coups d'épée et se
» coupent en morceaux. Puis, lorsque l'heure du dîner est venue, ils re-
» montent à cheval, tous sains et entiers, et se mettent à boire dans des
» cornes et servis par des vierges. D'autres vierges ont soin du service de la
» table et des buffets. La boisson était de la bière, mais surtout de l'hydromel
» dont ils ne buvaient que peu en Germanie, et le mets par excellence était
» le lard d'un sanglier que l'on coupait à même et qui le soir se retrouvait
» entier. »
On sait que Mahomet a promis à ses croyants un paradis de ce genre, mais
honteux. Il ne mentionne pas les combats et il part d'une idée différente,
quant au rôle de la femme qu'il blasphème en n'en faisant qu'un instrument
vivant.

il faut, après avoir signalé certaines qualités des anciens Germains, en reconnaître une autre. Ils aimaient, adoraient, consultaient et quelquefois déifiaient les femmes, c'est-à-dire qu'ils leur rendaient justice. Ils punissaient de mort ceux qui se déshonoraient par l'impudicité, comme par la lâcheté. La fidélité conjugale était exigée et était réciproque. Lorsque certaines conditions étaient imposées ou convenues, le meilleur moyen d'exécution était d'exiger d'eux des *otages femmes*. Ce sentiment semblerait étrange, au milieu de leur sauvagerie, si l'on ne réfléchissait que le vrai et le beau sont souvent appréciés par les hommes les plus incultes. Dans les conseils, dans les familles, dans les revers, les femmes remplissaient une grande et noble place chez les Germains, comme chez les Gaulois ; autant et peut-être même plus qu'aujourd'hui chez les gens bien nés et bien élevés.

Il convient, et par bonne raison que l'on va voir, de revenir un instant sur les Francs et sur leur origine, dont on a beaucoup discouru. On les a fait descendre des vieux Troyens d'Asie, et cela est possible, comme il l'est aussi que les premiers Romains aient été des rejetons gaulois : mais on ne saurait déterminer au juste leur filiation. Le président Fauchet n'adopte pas l'avis qui les ferait venir de la contrée germaine appelée plus tard *franconie*. En son livre des *Antiquités et histoires gauloises et françoises*, cet auteur les fait arriver et les installe, avec les Bataves ou Sicambriens, « au bout de la Gaule alors déserte et » vuide d'habitans : occupant une ile que la mer océane » environne par le front et le Rhin de tous les autres en- » droits. Non foulés de tributs, ne mangés par les fer- » miers (du fisc) ; ains (mais), ajoute-t-il, en traduisant

» Tacite, exempts de charges et comme des armes et des
» harnois, réservés pour la guerre : fournissant des armes
» et des hommes, pour ce que, de longtemps, ils étaient
» accoutumés et duits à la guerre contre les Germains. »
Pasquier, comme on l'a vu plus haut, et tous les historiens font, de cette exemption des charges publiques,
c'est-à-dire de leurs franchises, dériver leur nom de
Francs, libres. Ils s'allièrent avec les Gaulois, devinrent
leurs chefs, mais quelle que soit leur origine, vinssent-ils
d'au-delà du Rhin, ils n'ont jamais été ni confondus avec
les Germains, ni leurs amis, puisqu'au contraire, ils
étaient *duits* — du verbe *duire*, de l'ancienne langue ro-
mane, accoutumer, dresser, prendre plaisir à quelque
chose — « duits à la guerre contre les Germains. » *Claude
Dupré, sieur de Vauxplaisant*, en son *Abrégé fidelle de la
vraye origine et généalogie des François*, s'exprime ainsi :
» Est plus vray semblable et vrai pareillement qu'ils
» étaient plus cher Holandois, Brabançons, ou Gueldrois,
» qui sont compris par Jules César sous le nom de Gaule
» Belgique, distincte de l'Alemaigne par le fleuve du
» Rhein. Du mot franc est venu françois ignoré jadis »
   Tout le monde sait que la Gaule se divisait en trois peuples : Les Belges, les Aquitains et les Celtes du milieu
comprenant les Bretons. La Germanie était occupée par
cinq nations distinctes : les Hermions, les Ingevons, les
Istérons, les Peucins ou Bastarnes, les Vindiles, jamais
amis, souvent en guerre. Le langage de ces cinq peuples
était formé de dialectes d'une même langue (22) et leurs

(22) Ce fut seulement au quinzième siècle, à la Renaissance, au renouvel-
lement des lettres, que les langues se rectifièrent. L'allemand parvint à ce
que l'on peut appeler sa perfection (sauf des dialectes encore) au temps de
Luther (1483-1546), qui publia une traduction de la Bible encore estimée.

mœurs et lois étaient également un peu différenciées, selon qu'ils conservèrent plus ou moins longtemps la barbarie originelle. Ils n'ont eu et n'ont encore de bien réellement commun, que leur rébellion contre le droit des gens ; leur antipathie et jalousie contre leurs voisins ; leur ardeur pour usurper.

Le célèbre Latour d'Auvergne, qui n'était pas seulement le premier grenadier de France, mais homme fort érudit, dit dans son livre des *Origines gauloises* :

» Les Romains donnaient le nom de *Gaulois* aux peuples dont le pays était abrité entre les Alpes, les Pyrénées, le Rhin, la mer d'Allemagne, celle de Bretagne, l'Océan atlantique et la mer Méditerrrnée. » C'est le résumé de ses savantes recherches.

Tout cela était bon à rappeler pour que MM. les Allemands ne viennent pas nous revendiquer un jour et en masse de par leur droit primordial. Mais qu'il y ait eu des Allemands, c'est-à-dire des aventuriers au milieu et à la suite des Francs, et s'installant dans les Gaules tant convoitées par des hommes qui habitaient d'affreux pays, il faut l'admettre. En Asie et en Afrique, il y a toujours des vautours et des chacals et en Europe des corbeaux et des loups à la suite des armées. Que de braves Germains soient devenus de braves Franco-Gaulois avant, pendant et après l'invasion de leur ami Attila, cela est encore certain. Comme il l'est aussi que des Gaulois se sont implantés en Germanie. Mais toute la rive gauche était gauloise, franco-gauloise ; comme la rive droite, jusqu'à une limite qui va être définie, était germaine. Voilà un fait historique, historico-primordial, incontestable.

DES REVENDICATIONS RIDICULEMENT POSSIBLES
DU PANGERMANISME.

Puisque vous voulez vous faire un droit de l'origine des nations, revendiquez, ô Allemands, toute l'ancienne Scandinavie qui a formé un dédoublement de Germains. Ce sera soutenable, si ce droit doit prévaloir. Vos cousins les Scandinaves remontent au même grand-père que vous. L'histoire le dit : *Scandinavia quam adhuc Teutoni tenent*, a écrit *Pomponius Mela* et si vous voulez citer le texte bien authentique, voyez sa géographie (*Situs orbis liber III, caput* VI.). Pline et Tacite parlent de même. L'histoire plus moderne vous ouvre encore des droits, en montrant que les Danois ont été domptés et soumis aux lois de divers empereurs d'Allemagne, entre autres Othon Ier. En outre de l'histoire, l'étude de vos langues le prouve : la langue des Scandinaves et des Germains sont filles de l'épouse du susdit grand-père, c'est-à-dire sœurs et les seules au monde qui aient une intonation commune dans la prononciation de certaines syllabes sur lesquelles l'intention ou la routine fait appuyer le parleur. Or le gros englobe le petit ; comme le Rhin englobe la Moselle qui y perd son nom ; comme la Prusse a englobé et veut englober encore tant de petites souverainetés, en attendant de plus grandes ; comme le gramen, vulgairement appelé *chiendent*, finit par envahir tous champs et jardins si on ne l'arrache. Il n'est pas dit, comme sous l'ancien droit romain, un père avait autorité sur sa progéniture, à quel âge que ce soit ; comme en pays musulman, c'est le plus vieux qui commande : car il n'est pas bien certain que le fils aîné du grand-père ait été le *Teutsch* et toutes discussions sur la religion commune et sur les langues, pour raient donner raison au Scandinave. Mais puisque vous êtes les plus forts, vous pouvez prétendre au droit d'aînesse.

Voilà, il semble, d'assez belles phrases mesurées à l'aune de la logique et de la raison *teutsches*, qui, sauf la toute dernière, n'en ont pas toujours d'aussi bonnes : si teutsches que soient la raison et la logique allemandes. Il en résulte, ô Allemands! que vous pouvez faire, et l'Europe ne s'y opposera pas, sommation au Danemark de vous rendre ce que vous ne lui avez pas encore *repris*, — et aussi l'Islande, sauf l'action (que les avoués appellent reconventionnelle) de l'*ex*-roi de Danemark contre tous les Saxons anciens et actuels, ses petits-enfants et dérivés propres. Invitation aussi au roi de Suède et de Norwége de vous rendre également ses États, sans reconventionnel bien prouvé contre vous. Vos savants diront, en leurs unanimes consultations, que toutes les contrées, îles et presqu'îles renfermées entre la mer Glaciale, la mer Baltique et la mer du Nord ont été, aux temps historico-primordiaux, occupées par des peuples que vous pouvez appeler des ancêtres : même langue et même lard du même sanglier divin. Mais ils n'en trouveront pas, de Teutschs, sur la rive gauche du Rhin. De par l'histoire vraie, vous n'avez été que des envahisseurs en dépassant la rive gauche du Rhin et la rive droite de l'Elbe, ainsi que le lecteur va le voir s'il va jusque vers la fin de ce petit livre. Ainsi soit-il !

S'il fallait continuer à tirer les conséquences du droit primordial allemand, il faudrait ajouter :

L'histoire enseigne que les Saxons et les Angles furent appelés en l'île Britannique par les habitants du Sud de cette île, tant tourmentés par leurs voisins, les Pictes et les Scots, et que bientôt, après avoir massacré, sous les ordres du grand Hengist, les chefs indigènes, convoqués dans un temple, ils se rendirent les maîtres du pays, et si bien, que les principaux habitants, terrifiés, s'expatrièrent. Partage fait du territoire ainsi conquis, les Saxons eurent pour leur part la portion située au sud de la Tamise. On dit même qu'ils finirent par avoir à peu près tout. Les professeurs pourraient tirer bon argument de ces Teutschs massacreurs et des Teutschs confesseurs, appelés par le bon saint Édouard, et de tant d'expressions teutsches qui se trouvent dans la langue anglaise; et encore des droits pouvant revenir à la Prusse, spécialement du chef de Guillaume de Nassau, grand prince allemand, l'auteur de la fameuse révolution de 1688, qui détrôna son beau-père, mourut sans postérité directe, mais non sans héritiers et dont les droits sont aujourd'hui dans les mains du confiscateur du duché de Nassau. Ils pourraient faire une pétition à la reine d'Angleterre en son parlement pour qu'elle rendît aux Teutschs au moins la portion sud de la ville de Londres, avec Portsmouth et d'autres ports qui conviendraient à la future invincible Armada prussienne.

Usant de pareille logique, ils pourraient revendiquer la Lombardie et à peu près toute l'Italie septentrionale et davantage, sur le motif que les Lombards (Longobarbi) étaient les voisins des Teutschs, lorsqu'ils allèrent de leur personne conquérir et baptiser cette partie de l'Italie; que ce fut le Français Charlemagne qui mit odieusement fin à leur domination; qu'après l'extinction de la race

carlovingiénne, des rois de Germanie devinrent rois de
cette même italienne contrée ; que, bien plus encore, des
empereurs d'Allemagne furent couronnés rois d'Italie par
des papes, avec le titre de césar, chef du saint empire :
datant ces nouveaux droits, greffés sur d'autres,
d'Othon Ier, le Grand (936-962), qui jurait par sa belle
barbe, qui mit sur sa tête la couronne de Charlemagne, et
qui fit prêter serment de fidélité au pape. Voilà des titres
plus légitimes que ceux dont s'appuya la capture du Sles-
vig-Holstein. Ils pourraient cependant être contestés (23).

   En voici qui appuient d'une façon irréfutable la revendication de la Belgique et de la Hollande : 1° Ce sont de
petits peuples courageux ; ils l'ont souvent prouvé, et de
temps immémorial ; mais ils ne sont pas plus forts aujourd'hui que le Danemark ; 2° les premiers habitants
bien connus de ces pays, les Bataves et les Sicambres, venaient, paraît-il, d'au delà du Rhin ; 3° l'empereur Ju-
lien, dit l'Apostat, ajouta encore des Germains dans le
Brabant, et l'empereur Charlemagne en transplanta beaucoup en Hollande, surtout des Saxons ; 4° le premier comte
de Hollande et de Zélande fut Gérolf, issu du grand Germain-
Saxon Witikind ; 5° le flamand et le hollandais, deux dialectes de la même langue parlée jadis sous un même
souverain, sont entrelardés de mots teutschs ; et lorsque
les mots importants ne sont pas identiques, ils diffèrent
très-peu. Ainsi *wein* (en français *vin*) s'écrit en allemand
wein, et en flamand *win*. Le nom même de Belge est allemand : *Belgen,* querelleur. Évidemment, l'une des deux

---

(23) Ces souvenirs si raccourcis de la conquête de l'Angleterre et de la
Lombardie sont présentés ici comme un échantillon du ridicule des prétentions pangermaniques.

langues a engendré l'autre, et c'est à tort que « les Fla-
» mands et les Hollandais croient que leur langue est plus
» ancienne que le haut allemand » ; 6° on mange quelque
choucroûte (*sauerkraut!*) et surtout on boit beaucoup de
bière en ces deux pays, d'après la bonne recette et coutume germanique ; 7° Pendant des siècles, les deux États
ont été sous un sceptre allemand, sauf des révoltes et
révolutions que le droit imprescriptible du pangermanisme
n'admet pas ; 8° *Et quælibet altera causa.*

Et la logique pangermanique continuera ainsi : sans
parler de bonnes traditions disant que des Scandinaves
vinrent jadis trouver leurs cousins teutschs, établis en
Helvétie, tout le monde sait que la Suisse a été longtemps
une annexe, un domaine féodal des Habsbourg qui y
avaient leur château. Aucuns disent même que les grands
Hoenzollern en sortent. On sait que la Suisse s'est déta-
chée, en commençant le branle républicain sous un préfet teutsch et sous le prétexte qu'il avait par trop les qualités entendues par Tacite dans le mot *ferox*, et que la
chose arriva du temps de Guillaume Tell (quatorzième
siècle). C'est d'hier, comparativement au primordial. Ce
sont des révoltés, les Suisses. C'est absolument, comme si
du grand souverain d'aujourd'hui, son duché de Posen,
ses provinces rhénanes, son Hanovre, son Francfort, sa
Hesse, son Nassau, sa Poméranie, sa Silésie, prétendaient
se détacher : devenu souverain *in partibus infidelium*,
n'aurait-il le droit de protester ? Mais ne prévoyons l'impossible : disons qu'on parle allemand ou à peu près dans
certains cantons de la Suisse qui sont dénommés : « cantons allemands. » Donc, poursuit la logique allemande,
je revendique les cantons allemands, y compris celui de

Neuchâtel que notre sceptre n'aurait plus aujourd'hui la faiblesse d'abandonner et qui nous appartient depuis 1713, en vertu du traité d'Utrecht spécialement, et en vertu du droit primordial allemand imprescriptible.

Jusqu'à présent, le roi coiffé de son casque n'aura eu besoin que de le mettre un peu de travers, comme feu Jupiter *faisait de son sourcil* dans les occasions qui importaient. Ici, il dira à ses cyclopes de préparer ses foudres et à ses féaux princes d'Allemagne, de préparer leur contingent, mais seulement l'ordinaire, et il dira à la France : vous croyez que les Alsaciens sont Français et bons Français depuis le susdit traité d'Utrecht, qui y-avait même ajouté Landau, aux portes demeurées fleurdelysées ? Non, ils sont Allemands, les renégats ; mais nous les ramènerons au giron. Ils aiment la choucroûte (*sauerkraut !*), et même ils la font bonne (24) et aussi la bière. Ils sont d'origine quasi allemande. Ils ont été pendant des siècles, tous, sous un sceptre allemand (25). Dans les villages, comme dans les villes, ils parlent le patois allemand, et si bien que presque tous ont le divin accent. Allez à la grande Exposition du Champ-de-Mars, section de la bière de Strasbourg, vous y verrez que tous les brasseurs, les illustres brasseurs, portent des noms allemands ; tous, sans exception aucune ! Donc, et par raisons scrupuleusement démonstratives, les Alsasiens sont Allemands.

---

(24) Au risque d'ajouter quelque chose aux arguments pangermaniques, il faut avouer que les Alsaciens se complaisent à parler leur patois allemand et qu'ils font parfaitement la sauerkraut. L'ouverture de la première tonne de choucroute est, en automne, une sorte de solennité à laquelle on s'invite ; pour tout le reste, on pourrait dire qu'ils sont parmi les meilleurs Français, s'il y avait sur cette question du plus ou du moins.

(25) Les républiques de Strasbourg et de Mulhouse ont toujours été indépendantes jusqu'à leur annexion à la France. Une seule fois Strasbourg a

On ne parle pas allemand en Lorraine ; ou du moins on
ne parle que le patois teutsch et des plus irréguliers, dans
l'arrondissement de Sarrebourg et dans quelques cantons
de Château-Salins. Ailleurs, on parle le vieux patois gaulois : mais la Lorraine a été sous des sceptres allemands
depuis les fils de Charlemagne jusqu'en 1738 et le prusso-
pangermanisme n'attend que l'occasion pour délivrer
Nancy et les trois évéchés du joug français et compléter
l'œuvre (26). J'ai dit.

La logique allemande ne peut pas plus s'arrêter que
le Rhin dans sa marche. Elle fait tout le chemin que les
Prussiens lui tracent : elle en fait autant quasi que le soleil en faisait avant le nouveau système planétaire qui l'a
forcé à ne plus tourner que sur lui-même. Elle s'appuie
sur l'histoire, comme on vient de le voir. Mais ici, le roi
coiffé de son casque serrera sa barbe, comme son prédé-
cesseur Othon le Grand, empereur d'Allemagne, roi
d'Italie, dompteur des Danois, possesseur d'une barbe lui
descendant à la ceinture à côté de son couteau de com-
bat ; puis, ayant « craché trois fois, » comme dit Béranger,
il trompettera ainsi :

On trouve des Allemands de bonne race et qualité, sauf leur antipathie contre la Prusse, dans les possessions de l'empereur d'Autriche : non seulement dans le
duché dit héréditaire et non encore vassalisé ; mais en Bohême, en Moravie, en Transylvanie, en Illyrie, au milieu
des Slaves et où sont aussi des Grecs : ce qui complique

reçu la protection d'un prince étranger ; mais c'était le Roi de Suède. Une
autre fois elle a réclamé les secours des Allemands, qui les ont refusés.

(26) Les expressions : *Compléter l'œuvre* en allemanisant la Suisse, l'Alsace
et la Lorraine ont été et sont souvent proférées dans les brasseries et par
les journaux ; dans les hauts lieux comme dans les bas-fonds.

la question d'un triple pan ; et si l'on met sans façon le pangrec de côté, il restera l'amour entêté de l'Allemagne pour des Deutschs quelconques et pour leurs terres, en face de l'amour sacré des Russes pour les Slaves et pour leurs territoires — et réciproquement. Cette phrase est peut être un peu longue, mais on aurait pu l'allonger encore par la description du réciproquement, en décrivant les belles fêtes printanières de Moscou. Car lorsque l'on est embarrassé et que l'on ne peut reculer, et que l'on ne veut tomber, on voudrait ralentir la marche de l'aiguille horlogière. Que dira à la Russie l'empereur d'Allemagne ? que tous les Allemands de l'Autriche lui appartiennent ; — accordé ; — et que par-dessus le marché, il lui faut la Styrie, la Carniole et la Caryntie, qui sont essentiellement slaves, mais qui sont le trait-d'union de l'Illyrie et qu'il importe que, sans discontinuité, l'aigle noir de la grande Prusse, c'est-à-dire de l'Allemagne, déploie ses ailes blanches de la Baltique à l'Adriatique ; et que ce sont précisément ces incohérences et défauts de traits-d'union qui ont fait faire la guerre de 1866. Ce n'est pas tout, et ici il faut encore une grande phrase : autant que d'une pipe vide ou d'une choucroûte de l'an dernier, l'empereur d'Allemagne se rit de la Hollande et de la Belgique, de la France, de l'Autriche et de la Suisse ; — de même que les Perses se riaient des Grecs ; Charles le Téméraire, des Suisses et des Lorrains ; l'Espagne, des Hollandais ; le roi de Prusse, en 1792, des *tailleurs et savetiers* français qui avaient fait la révolution, etc., etc. Après avoir mis les peuples susnommés sous ses puissantes bottes, comme un Pharaon d'Égypte mettait « sous ses sandales de papyrus, les peu-
» ples désobéissants et en servitude ou en fuite, comme

» des lièvres, les loups (27), » le grand empereur de la
Pangermanie, poussé par une nation barbouillée de gloire
et de logique, conseillé par ses docteurs en droit et en
fusils, coiffé de son casque pointu, devra poursuivre l'œuvre, *sous peine de république*, et dire à l'empereur de
Russie :

L'homme le moins instruit en histoire deutsche n'ignore
pas que la Livonie, l'Esthonie, l'Ingrie, la Courlande avec
les tenants et aboutissants, aboutissant : de nord, la mer ;
de midi et du soir... Non, je m'embrouillerais. Je voulais
dire que ces pays sont essentiellement allemands ; et, en
effet, jadis, en ces pays encore idolâtres, de bons apôtres
teutschs sont venus, la sainte croix dans une main et le
sabre dans l'autre. — On croit que le sabre était au poing
droit, ce qui était plus commode pour l'accomplissement
de l'œuvre, à moins qu'ils ne fussent gauchers. Donc,
après avoir envoyé au tribunal de Dieu ceux qui récalci-
traient, comme c'était de droit et coutume deutscho-chré-
tiens, ils ont des survivants fait de bons serfs, à qui on a
laissé généreusement le droit de parler et vivre à leur
façon sous la gouvernance des nobles Deutschs, lesquels
se sont maintenus propriétaires de ce pays, choses, bêtes
et gens. Et le fort emporte le faible : vous savez cela. Or
encore les bonnes et hautes classes ne parlent là que l'al-

(27) Style du triste obélisque de Luqsor qui regrette son frère exilé à
Paris. Les deux jumeaux formaient, en avant des Pylônes et temples de
Memnon et de Sésostris, l'échantillon unique des dispositions architectu-
rales des anciens temples d'Égypte. Il y avait aussi quatre statues colos-
sales adossées aux Pylônes ; aujourd'hui il n'y en a plus que trois. Il n'y a
pas que ceux ceux qui brisent qui soient des Vandales. Du reste, pendant longtemps, les anciens temples n'ont été considérés que comme des carrières
de pierres toutes taillées. Aujourd'hui, ils sont entretenus et réparés avec
soin par le gouvernement d'Égypte.

lemand, et même, n'étant jamais en contact avec le menu
peuple, ont conservé la bonne et pure langue deutsche, et,
paraît-il, le grammatical ; ce qui n'est pas, j'en conviens,
le propre de mon peuple de Berlin et environs. Mais il a
trop d'autres qualités pour tenir à celle-là. Donc, cher
frère et sire, veuillez bien me rendre la Courlande et le
reste, où je mettrai le siége de mon académie future des
langues allemandes, car il y a plusieurs sortes d'allemand (28), bien qu'il n'y ait qu'une seule espèce d'alpha-

(28) Il y a sept sortes d'allemand, sept dialectes, bien comptés ; les Allemands y ajoutent une langue mère, savoir :

1° La langue du Paradis, c'est-à-dire l'*idéal* que les savants pressentent et
qu'Adam apprit de Dieu et parlait — et que le lecteur n'aille pas croire que
le n° 1er est une plaisanterie ; de graves Allemands l'ont prétendu ; s'ap-
puyant sur les dissertations du savantissime docteur *Goropius* et de celles
de *Rudebek*, qui dit à peu près la même chose en plusieurs passages de ses
trois volumes latins, in-folio : auteur si consciencieux, qu'il avait visité plus
de douze mille tombeaux antérieurs au déluge, avant de se permettre de
publier son opinion sur la langue runique (scandinave), dont les caractères
ont été empruntés par les Grecs. Cependant n'est pas parfaitement tranchée
la question de savoir si c'est le scandinave ou le flamand ou l'allemand
qu'Adam parlait. Au fond, les auteurs sont d'accord, et il ne reste d'indécis
que la question de savoir laquelle de ces trois langues a engendré les deux
autres. Chaque docteur prêche pour sa langue nationale ; 2° le haut allemand,
que les savants parlent dans leurs livres et communément les nobles Cour-
landais et pays voisins ; 3° le bon allemand du Hanovre et de plusieurs
provinces saxonnes ; 4° le peu grammatical allemand des Berlinois et pays
environnants, qui ont trop d'autres qualités pour tenir à la correction du
langage ; 5° le bas allemand parlé un peu partout ; 6° le dialecte alsacien
qui n'est guère qu'un patois ; 7° le dialecte suisse, qui est encore plus dur ;
8° le patois de quelques Lorrains de Sarrebourg, qui n'est guère qu'un jargon.
Les parleurs des n°s 8, 7, 6 et 5 ne sont pas compris par les autres numéros.
Si dans le grand Reischtag que les Allemands rêvent, chacun parlait son
allemand, ce serait une confusion pareille à celle d'un Parlement français
où les députés de Bretagne, de Lorraine, de Gascogne, etc., parleraient
chacun la *langue du cru*.

La prétention allemande de parler la langue de Dieu était contestée par
un de leurs plus célèbres empereurs, Charles-Quint, qui, du reste, était
aussi roi des Espagnes et qui a donné les appréciations suivantes : parler
espagnol à Dieu ; italien, à sa maîtresse ; français, aux hommes ; anglais,
aux oiseaux ; allemand, aux chevaux. Il a dit aussi que la langue française
était la langue d'État. On sait que, depuis qu'elle a été fixée par nos
grands auteurs et par le grand tribunal appelé l'*Académie*, elle est devenue
la langue diplomatique : la langue employée pour la rédaction des traités

4

bet pour l'écrire : le national gothique ; et chacun le parle
comme il l'entend, ce divin allemand, et on l'allonge à
plaisir, ce qui est en rapport avec les légitimes prétentions du pangermanisme. Nous nous pangermanisons, et
alors rendez à César Pangermain ce qui lui appartient.
Dieu l'a dit au chapitre de la Germanie. Du reste, la
Prusse a toujours gagné à s'entendre avec la Russie. Vous
me comprenez...

La Russie est une des puissances qui mentent le moins,
par la raison qu'elle n'est pas de celles qui parlent et qui
promettent le plus. Elle répondra peut-être par ces vers
sybillins :

> Juste ou fourbe, *exeat, vivat !*
> *Dies iræ, Magnificat.*
> Recherche, mais crains l'ajoutage
> Et l'union, ô Prucznika !
> Abraxas, Abracadabra (29) !

internationaux ; la France n'y fut-elle pas partie intéressée ? Et cela, non
comme un hommage à la France, mais parce que sa langue est la mieux
fixée, la plus claire et la plus logique. On a dit d'elle que lorsqu'une phrase
allemande, par exemple, était inintelligible, il fallait la traduire textuellement en français pour juger tout de suite si cette phrase avait ou n'avait
pas de sens.

Si longue que soit déjà cette note (avec tant d'autres), il faut, par occasion, dire un mot des caractères de l'alphabet improprement appelés *gothiques* : ici, comme en architecture, le mot gothique veut dire simplement
très-vieux. Ces caractères datent du moyen âge et étaient *ceux de toutes les
nations de l'Europe*. Incommodes et fatigants, ils ont été perfectionnées suc-
cessivement pour devenir ce qu'on les voit aujourd'hui en Angleterre, en
France, en Espagne, en Italie, etc. Les entêtés et hyperpatriotes allemands,
et ce trait, avec tant d'autres, les peindrait, les Allemands ont conservé les
caractères gothiques qui, disent-ils, sont leurs et qu'ils appellent *nationaux
deutschs*. Il faut ajouter cependant que grand nombre de Danois et de Bohé-
miens ont, même encore aujourd'hui, la même persistance, mais seulement
par routine perpétuée et sans y attacher de prétentions patriotiques.

Abracadabra, mot mystérieux découvert et donné avec désintéresse-
ment dans un poëme, par un médecin romain du 2ᵉ siècle. Ce mot, écrit,
d'une certaine façon et porté en amulette, préserve de beaucoup de
traverses, et surtout de toutes fièvres. *Abraxas*, autre mot mystérieux persan, qui, porté aussi en amulette, emporte avec lui
intelligences, d'après la valeur numérale des lettres grecques formant ce
mot, une intelligence pour chacun des jours de l'*année ancienne*, et alors

Au bon bornoyeur, bon bornage.
Au calife, le califat.
Qui potest capere, capiat (30).

La Russie pourrait répondre encore :

Vous voulez le *bien allemand;* mais vous êtes trop honnêtes pour aller au delà. Eh bien, l'histoire démontre que, quant à présent, l'Allemagne détient des territoires non germaniques. Ce qui concerne la rive gauche du Rhin a été discuté tout à l'heure, et d'une façon sans réplique. Voyons le reste.

La Courlande et les autres provinces baltiques et finlandaises appartenaient, les unes à la Pologne slave, les autres à la Suède lorsque la Russie s'en est emparé.

Voyons ce qui concerne les territoires appelés prussiens.

LE PRIMORDIAL DE LA DYNASTIE DES BRANDEBOURG ET HISTORIQUE DE SES AGRANDISSEMENTS.

Pendant que le grand Reischtag fabriquait la constitution prusso-allemande, les députés polonais protestèrent contre la qualification d'Allemands, et le président leur dit : « L'histoire passera à l'ordre du jour sur votre protestation; en attendant, je vous rappelle à l'ordre. » S'il n'eût été que brutal, ce président prussien, il eût été

privation d'une intelligence, quelquefois, pour les peuples qui ont adopté la réforme grégorienne de 1581.

Ces deux invocations, de la part du czar qui a la réputation d'être un homme calme et éclairé, ne peuvent être qu'un conseil symbolique à son parent le Grand, qui croit avoir la fatidique procuration de l'histoire future et de Dieu.

(30) Qui peut prendre, surprendre, comprendre, tromper, prenne, comprenne, etc. *Capere* a ces diverses significations dans le dicton latin.

dans son rôle; mais il a eu le tort de parler de l'histoire.
Il est vrai qu'en Prusse on la change, comme feu Sga-
narelle changeait l'ancienne anatomie et mettait *le
cœur à droite;* le livre de l'histoire à venir n'a que des
pages blanches, bien sûr (sauf pour le chef actuel des Brandebourg), et celles qui sont écrites portent:

Tout le côté septentrional de ce que la Prusse appelle
l'Allemagne, c'est-à-dire le pays de Dantzig et le duché
de Posen, anciennes provinces polonaises, la Poméranie,
le Brandebourg encore et les deux Mecklembourg (dont le
descendant des marquis de Brandebourg est l'héritier éven-
tuel), *tout cela est terre slave,* et même le Holstein, qui a
donné lieu à la guerre allemande, et sur lequel la Russie
a des droits qu'elle pourrait faire valoir un jour; parce
qu'elle a sur ce berceau de ses czars des droits qu'elle
avait abandonnés au traité de 1852, mais qu'elle peut reprendre, puisque ce traité a été déchiré par son co-signa-
taire, la Prusse. La langue de tous ces pays, tant mélan-
gée de tours et expressions slaves, viendrait en aide à
l'histoire pour en démontrer le slavisme; et cela, en re-
montant à des temps assez modernes, et non au primordial historique. Encore aujourd'hui, on ne parle que le
slave dans une portion du duché de Lauenbourg, pris
aussi au Danemark. Le roi de Prusse est le débiteur de la
sainte Russie, ou au moins en opposition avec ses prétentions de protectrice et future maîtresse de tous les territoires slaves, et par conséquent des pays qui sont situés sur
la rive droite de l'Elbe. Cela, au même titre géographico-
historique que certaines possessions de l'Autriche, c'est-à-
dire sa Croatie et la Bohême; tous ses Wendes, c'est-à-
dire terres et gens de Styrie, de Caryntie et de Carniole; et

encore les principautés quasi-turques de Servie, de Montenegro et de Bulgarie.

En effet, et pour ne parler que de la Prusse, que voit-on en regardant dans l'histoire?

Fréd. Schœl, à la page 80 de l'édition de Paris, 1812, dit, dans son *Tableau des Peuples*: « *La Silésie et la » Prusse sont situées hors des limites de l'Allemagne.* » Mais, dans la première de ces provinces, les colonies al- » lemandes ont pris insensiblement le dessus sur les habi- » tants polonais; et en Prusse les Allemands sont parve- » nus non-seulement à se rendre maîtres du pays, mais » aussi à extirper tous les habitants originaires ou à les » amalgamer tellement avec eux, etc. »

M. Lebas, membre de l'Institut, homme de grand sa- voir, dit quelque part que « l'on peut faire une histoire » *du pays appelé Prusse,* mais non une histoire de la na- » tion prussienne. »

Un appendice fondamental des statuts de l'ordre des chevaliers teutoniques, ces Deutschs par excellence, après avoir rappelé la division en deux *maîtrises, de l'Alle- magne et de la Livonie*, porte textuellement: « Si la fac- » tion du coupable empêche de faire cette procédure *en* » *Prusse,* le maître le citera *en Allemagne.* » La Prusse ne faisait donc pas partie de l'Allemagne.

Non, en droit *historique et non fabuleux*, comme en droit chrétien et de par la géographie historique récente, la Prusse n'est pas allemande, — sauf la Westphalie. Elle est sur l'Allemagne et la Slavonie comme un monstrueux champignon, un cancer, un fait que l'histoire moderne en- registre, de même que l'histoire précédente a enregistré des peuples dont il ne reste que les noms: les Ismaéliens,

mangeurs de haschich (haschinchin); les anciens flibus-
tiers de l'île de la Trinité et autres endroits; les Longobarbi (Lombards); les Carthaginois (Pœni, desquels *fides
punica*). Leur terre est slave. Il faut qu'ils la rendent à
qui de droit, et ils la rendront un jour.

Si un jour le droit historique vrai et le droit chrétien
venaient à dominer en politique; si les territoires que la
rapine, les violences et les violations de traités ont fait
acquérir, devaient être restitués..., il resterait peu de
chose de la Prusse. Ces accusations sont graves. Que le
lecteur revoie l'histoire des *acquisitions* de cette puissance.
La première fut celle de la *Marche du Brandebourg*, que
fit à Sigismond, roi de Hongrie, puis empereur d'Allemagne et grand dissipateur, un Frédéric Zollern, riche
possesseur du titre de bourgrave (seigneur) de Nuremberg, et que l'histoire, qui donne tant de sobriquets aux
princes, eût dû appeler *le financier*, par euphémisme. On
sait qu'en 1410, créancier de cent mille ducats d'or, il fit
avec Sigismond un acte de prêt hypothécaire, portant *achat
à réméré* de ce marquisat de Brandebourg, et qu'en 1415,
créancier de quatre cent mille autres ducats de même or,
y compris les intérêts des premiers cent mille, il acheta
d'autres Marches (pays frontières, d'où le mot margraviat,
marquisat), avec le titre d'électeur (pour la nomination de
l'empereur) et celui de grand chambellan du pauvre Sigismond, qui ne put rembourser. Un prêt hypothécaire
d'un usurier à un dissipateur, voilà l'origine de la fortune du premier marquis de Brandebourg (*).

(*) Le premier canon qui apparut en Prusse, emprunté à un ami par Frédéric, fut tiré contre les châteaux de grands seigneurs, à qui son nouveau
pouvoir répugnait, et parmi eux était un Bismark.

Presque tous les Frédéric-Guillaume ont été d'habiles preneurs et manieurs (31) de fonds, confiscateurs de territoires, faiseurs et défaiseurs de traités. Dans le nombre, deux ont eu de grandes qualités, il faut le reconnaître : l'un d'eux surtout, dit *le grand électeur.* Mais fût-ce une acquisition digne d'un grand roi, dans la belle acception de ce mot, que la conquête de la Silésie sur l'Autriche par *le grand Frédéric,* le troisième roi de Prusse, à compter de celui qui, se tressant lui-même une couronne, s'appela d'abord roi *en* Prusse, et non point *de* Prusse; car la plus grande partie de la *Prucznika,* slave, était encore polonaise (32) ? — Non, dit l'histoire, si complaisante qu'elle soit pour les faits accomplis. L'Autriche n'ayant

(31) On sait que, sauf peu d'exceptions, les Brandebourg sont thésauriseurs et quelquefois poussent l'amour de l'argent au delà de certaines *bornes* appelées ailleurs *royales.* C'est dans leur sang, ainsi que l'amour de la propriété. C'est qu'ils n'oublient pas que la promptitude des déclarations de guerre et la célérité de la marche des armées ajoutent aux chances de succès, et que les besoins d'argent nuisent à cette célérité.
C'est dans leur sang, c'est systématique pour les grandes et les petites choses : les journaux rapportaient, il y a quelques années, qu'un hôtelier de Flandre avait longtemps demandé le paiement de vins de Bourgogne, Champagne et Bordeaux, rôtisseries, truffes, chatteries et le reste, dont s'étaient goberbés, en 1813, le prince de Prusse et son état-major; que, ruiné l'hôtelier, et devenu roi, le prince, le compte fût renvoyé à Berlin, accompagné de doléances, auxquelles il fut répondu : « Qu'au temps où en cette » auberge s'étaient goberbés le prince et ses officiers, de périgourdines truffes, » poulets et poulardes, vins divers et le reste, on était en état de guerre et » qu'alors la chose était à la charge de qui de droit, non du roi. » La date de cette réponse pourrait se retrouver, comme on retrouverait une lettre de Voltaire racontant qu'un jour le prince Frédéric, celui qui devint *le grand,* voulant faire un voyage d'agrément, mais son papa ne lui voulant donner d'argent (il lui donnait plus volontiers des coups de bâton), alla avec des amis bien armés frapper d'une contribution les bons bourgeois d'une autre petite ville de Flandre, et que la chose lui ayant réussi à souhait, il la renouvela.
(32) La *Prucznika* fut des peuples qui résistèrent le plus opiniâtrement à l'épouvantable croisade que les chevaliers de l'ordre teutonique entreprirent contre les payens d'Europe en succédant aux brigands qui prenaient le titre de chevaliers du Christ ou porte-glaive. La Lithuanie fut la dernière à quitter les faux Dieux pour celui que ces sanguinaires chevaliers ne pouvaient leur

pour *roi* (33) qu'une jeune reine, l'héroïque Marie-Thérèse, en guerre avec presque toutes les puissances de
l'Europe, Frédéric, à son arrivée au trône, sans motifs
aucuns, même apparents, envahit la Silésie, et lui fit la
guerre aussi avec cette célérité et cette bonne foi *(fides
prussica)* qui rajeunirait l'antique proverbe si l'on parlait
encore latin. Portion de la Silésie ainsi envahie lui ayant
été abandonnée par la reine, il fit aussitôt sa paix avec
elle et abandonna ses alliés au milieu des batailles. Puis,
sans motifs vrais, il envahit de nouveau les États de la
même reine (en Bohême), alors que les armées autri-
chiennes étaient en Alsace... et il obtint le reste de la Silésie. Il avait coloré sa nouvelle guerre du vernis de « *pro-
» tecteur des intérêts allemands;* et, pour sa part d'élec-
» teur, *vengeur du corps germanique,* » qui avait élu un
empereur que Marie-Thérèse ne voulait pas reconnaître, et, au vrai, il ne voulait que le reste de la Silésie.

Tout cela est bien long pour une histoire qui doit être
raccourcie; mais c'est le type par excellence, le grand
Frédéric, l'auteur de *l'Anti-Machiavel, qui depuis...
Mais alors* il n'était que prince libéral (sauf ou avec les
razzias dont a parlé Voltaire), et duquel l'histoire a dit :
« Sa morale personnelle a presque toujours contredit sa
» morale écrite ou parlée. » Au demeurant, grand capi-
taine et doué de qualités spéciales qu'il ne faut marchan-
der. Mais il commit tant et tant de mauvaises actions,

faire croire être le vrai. L'histoire qualifie d'*horribles massacres* les croisades
que ces chevaliers appelaient saintes et qui commencèrent sous Albert l'Ours.
Les électeurs de Brandebourg héritèrent de la plupart des grands biens des
chevaliers teutoniques, et par divers moyens parmi lesquels fut un achat à
réméré, que Frédéric II leur fit à un moment où ils avaient grand besoin
d'argent.

(33) *Moriamur pro* REGE *nostro, Maria Theresa,* dirent les fidèles Hongrois,
auprès desquels elle trouva son dernier appui.

qu'enfin les États de l'Allemagne le mirent au ban et le poursuivirent comme « perturbateur de la tranquillité pu-
» blique. »

Ce machiavélique prince, faisant les *Mémoires de Bran-debourg*, et devant nécessairement parler de sa participation au premier démembrement de la Pologne, ne trouva d'autre excuse que celle tirée de « l'opportunité d'arrondir » ses États. »

Lorsque son neveu Frédéric-Guillaume prit sa part de ce qui restait de la Pologne, en 1794, *il venait de signer un traité par lequel il s'engageait à défendre et garantissait la constitution et le territoire de la république polonaise.*

Toute l'histoire et toutes les couronnes de la Prusse sont tissues des mêmes cordes. On a vu cette puissance ravir au Danemark des duchés dont le roi précédent avait garanti la possession au prince héréditaire danois, et prendre en outre le Slesvig; puis, l'année suivante, bien préparée, bien cuirassée de fer et d'argent, accuser le roi de Saxe de vouloir l'envahir, et aussi l'Autriche, alors tant empêchée par sa Hongrie, son Italie et le reste, donner vingt-quatre heures à ses voisins pour se soumettre à ses volontés; commettre le crime de lèse-majesté et répudier la solidarité qui existe entre tous les rois en organisant comme légion les réfugiés politiques hongrois, qui donnèrent au monde un nouvel exemple de patriotisme en rentrant paisiblement chez eux.

L'histoire future des Brandebourg sera la suite de leur histoire précédente, si, pour le malheur de l'Allemagne, et peut-être de l'Europe, elle n'est pas à sa fin. Le chef actuel de cette lignée n'a jamais été attaqué personnellement, même par ses ennemis. Voyez ses actions politiques.

Relisez les discours qu'il prononce dans ses tournées : à *Wiesbaden* (le 1ᵉʳ ou le 2 août), en réponse à l'allocution du bourgmestre : « C'est la première fois que, depuis les » changements survenus, nous nous voyons. Le change- » ment, il est vrai, a été profond. C'est ce que je com- » prends le mieux dans la résidence de votre ancien duc. » J'ai été peiné d'avoir été forcé d'agir comme je l'ai fait ; » cela a été pour moi une résolution difficile. Mais l'his- » toire du monde ne peut s'arrêter ; il faut qu'elle avance. » Les sentiments, etc. »

Voyez tous les journaux du 4 août. En son numéro du 15 de ce mois, la *Gazette hessoise* dit : « Dans sa réponse à » l'allocution du premier bourgmestre de la ville, Sa Majesté » a rappelé la grande et difficile mission qu'elle a dû rem- » plir et qu'elle aura encore à remplir ultérieurement. Le » roi a déclaré que bien des choses se sont accomplies dans » le cours des événements historiques, choses auxquelles » il n'aurait jamais consenti spontanément. Le peuple, » ainsi que la capitale de Hesse-Cassel, ont également été » atteints par ces changements nécessaires et inévitables. » Mais, etc. »

Qu'est-ce que cela veut dire : *L'histoire qui ne peut s'arrêter ; il faut qu'elle marche?* Mission remplie et à remplir ultérieurement?... — Cela veut dire que les confiscations et annexions sont dans les aspirations et les besoins de la race des Brandebourg, comme le pain aux pauvres gens, la chair morte aux chacals, la chair palpitante aux carnassiers. Elle est animée, cette race, d'une ambition qui ne peut pas plus s'éteindre que la soif des ivrognes et la soif des damnés.

Mais relisez donc leur histoire, ô Allemands ! vous surtout qui vous croyez grands politiques, et vous, savants si ignorants. En voici encore un chapitre :

Ce fut Frédéric-Guillaume, le successeur du grand Frédéric, qui, dans l'intérêt de quelques barons, propriétaires de droits féodaux assez considérables, assis et abolis en France ; qui, despote par-dessus tout, et voulant arrêter l'essor libéral qui se manifestait en Allemagne au retentissement de notre révolution, aux cris de la France régénérée ; ce fut le roi de Prusse qui, le premier, arma contre la France, encouragea les émigrés de France et les ennemis de la Révolution, lança à la France les menaces et les insultes; et, moins de deux mois après le célèbre manifeste (34), après s'être posé en défenseur de ses co-États germaniques et des Allemands, après avoir engagé dans la guerre et dans les menaces sa parole de roi, après

(34) On lisait, dans l'insolent manifeste qui contribua à la chute de Louis XVI et fut lancé contre la France révolutionnaire le 25 juillet 1792, par le général en chef des armées combinées : « ... S. M. le roi de Prusse, uni avec S. M. » impériale d'Autriche (le frère de Marie-Antoinette), par les liens d'une al- » liance étroite et membre prépondérant lui-même du corps germanique, n'a » donc pu se dispenser de marcher au secours de ses co-États et de son allié ; » et c'est sous ce double rapport qu'il prend la défense de ce monarque et de » l'Allemagne. A ces grands intérêts, se joint, etc... rendant personnellement » responsables de tous les événements, sur leurs têtes, sans espoir de par- » don, tous les membres de l'Assemblée nationale, du département, du dis- » trict, de la municipalité, de la garde nationale, les juges de paix et tous autres qu'il appartiendra ; déclarant, en outre, leurs susdites Majestés, sur » leur foi et parole d'Empereur et de Roi, que si le château des Tuileries est » forcé ou insulté, que s'il est fait le moindre violence à la famille royale, etc., » elles en tireront une vengeance exemplaire et à jamais mémorable, en li- » vrant la ville de Paris à une exécution militaire et à une subversion to- tale, etc. »
L'impertinence fut poussée, par des Prussiens, jusqu'à faire *retenir*, pour telle date du mois suivant, tels appartements, salles de danse et danseuses de Paris. On a dit, lors de la querelle luxembourgeoise, que des officiers prussiens avaient eu la même outrecuidance.

la *canonnade de Valmy*, essaya personnellement, en dehors de ses co-États susdits, d'entamer avec la France des négociations (35). Puis la France, ayant chassé les envahisseurs et envahissant à son tour leur territoire, il demanda encore et obtint la paix, ce même roi de Prusse, trahissant la cause proclamée avec tant d'éclat, la cause que l'Allemagne soutenait; délaissant ses provinces de la rive gauche, en obtenant à ce prix que le surplus de ses États propres demeurerait en dehors de la lutte effroyable engagée par l'empereur d'Autriche et le reste de l'Allemagne.

Mais tout cela est de l'histoire. Relisez-la donc et dites si ce n'est pas ce qu'en français on appelle une *farce* que cette affectation de se poser en « défenseur de l'Allemagne et des intérêts allemands ! »

En 1799, après des alternatives de revers et de succès, l'Allemagne fit un suprême effort, un appel *in extremis* à tous les Allemands et continua la lutte avec les subsides de l'Angleterre acharnée contre la France (elle ne pouvait dire alors, contre l'ambition de Napoléon); acharnée pour la guerre si profitable à son commerce et à sa marine. « *La dynastie des Brandebourg continua sa défection.* » — Ce sont les expressions que l'histoire a gravées sur ses tables d'airain. « Cette dynastie continua de s'appliquer à » sa propre prospérité; tandis que les autres continuaient » à se détruire. » Aussi, pour récompense de la conduite de ses Frédéric-Guillaume II et III et pour dédommagement des provinces rhénanes de la rive gauche, abandon-

nées à la France en 1795, le Frédéric-Guillaume III obtint-
il, par la volonté de Napoléon et après le traité général
de paix signé en 1801, la confiscation et réunion à la Prusse
de grands et beaux territoires et apanages enlevés *ad hoc* à
divers princes et États allemands... et l'implacable histoire
continua d'écrire que « la dynastie prussienne a toujours
» agi et agit toujours dans son intérêt et non dans celui de
» l'Allemagne, ni des États et des intérêts allemands... »

Et défi est jeté aux libéraux prussiens et prusso-allemands et à tous souteneurs des Brandebourg, de répondre
quoi que ce soit à ces reproches de l'histoire.

Peu d'années après le traité de Lunéville, la guerre
recommença en Allemagne, toujours excitée par l'Angleterre, et la Prusse continua de s'appliquer à sa propre
prospérité.

Plus tard, Napoléon, éclairé sur des menées et traîtrises
de cette puissance, irrité et lui faisant la guerre, la punit
grièvement, l'amoindrit de moitié; et alors, d'accord avec
l'Angleterre, elle provoqua contre l'*usurpateur* des soulèvements, aux cris de : Vive l'Allemagne ! vive la liberté !
et vive la *Société de la Vertu!* et après le succès de la
coalition universelle, elle ne remplit aucune des promesses
faites aux bons peuples... au contraire... et aujourd'hui
les bons peuples se laissent encore prendre et chatouiller
par les artifices d'une puissance, qu'une variante de l'histoire appelle aussi : « Maître ès-art de caresser par les
paroles et assassiner par les faits. »

Ecoutez encore ! Chacun des peuples de l'Europe, même
les moindres, a apporté son contingent immortel dans le
foyer de lumières, dans le faisceau qui forme la grande
civilisation. Ainsi, et pour ne citer que des peuples qui ne

comptent pas parmi les grandes puissances; c'est un Danois, Tycho-Brahé, qui (reprenant des idées de Ptolémée,
l'astronome du deuxième siècle) découvrit le nouveau système planétaire; c'est de la microscopique république de
Strasbourg ou de la ville de Harlem-Hollande (la question n'a été bien tranchée) que sont venus les inventeurs
de l'imprimerie; c'est un Hollandais qui a inventé le té-
lescope; c'est un moine de Fribourg (Bade) qui a imaginé
la poudre à canon (36); c'est un natif de la petite république de Gênes qui, repoussé partout et accueilli en Espagne, a découvert l'Amérique; c'est à un Espagnol qu'est
due la télégraphie électrique. Les grandes nations ont
aussi fourni leur part belle, certes, toutes : toutes, fors la
Prusse, à qui la civilisation ne doit que des accrocs et des
taches (37).

Des gens peu réfléchis ont attribué quelquefois à l'es-

(36) A un certain point de vue, la poudre à canon est une invention *dia-
bolique*; cependant elle a eu sa raison d'être *providentielle*, comme on disait
jadis et comme on dit encore, sans songer qu'en mettant ainsi en guerre le
diable et Dieu, on tombe dans l'hérésie manichéenne. A la dernière page de
son livre des *Origines, etc., ensemble des armes dont les François ont usé en
leurs guerres*, le président Fauchet, déjà cité, s'exprime ainsi : « Je ne puis
oublier à dire que le méchant instrument d'artillerie a encore servi de quelque chose pour la conservation de la société humaine, voire pour l'exécution de la justice de Dieu contre les tyrans. » — « Si est-ce (dict Munster
au troisième de sa géografie) que la charité estant estainte et que l'avarice et
la malice régnant tellement, on ne sçavoit cheminer une lieue en seureté, il
a été besoin d'en user. Car un peu devant que l'artillerie fut treuvée, plusieurs meschans et factieux s'assembloient en divers endroicts pour piller et
ravir le labeur des gens de bien, tellement que jamais personne n'eut peu
asbattre les chasteaux et retraites de ces brigans et pillards assis aux montagnes ou rochers esquels ils se tenoient, sans l'invention de l'artillerie...
Que les ennemis de l'artillerie cessent de mépriser les dons de Dieu, sinon
qu'ils veulent condamner aussi les dents du chien et l'ouverture de sa grande
gueule faite pour mordre les loups et les larrons... »
(37) Ceci étant relu, la justice veut qu'il soit dit que l'industrie et les ha-
bitudes carossières doivent à un Berlinois l'invention des *berlines*; à un autre, tailleur du Roi, la passementerie appelée *brandebourg*; et encore les
cheminées dites à la prussienne le bleu de Prusse et son dérivé le beau
poison appelé *acide prussique*.

prit du bien, au bras de Dieu, le dérangement de combinaisons conseillées par l'esprit du mal : c'est, comme il
est dit à la note 36, renouveler la détestable hérésie des
Manichéens. Dans ses desseins impénétrables, Dieu a créé
des races nuisibles, et chaque individualité du système cos-
mogonique a les mœurs et les besoins de sa race. Un hibou
ne deviendra jamais épervier ; un renard, chien fidèle. Si
les loups parlaient encore, comme au temps de La Fontaine,
écrivaient leurs mémoires et se confessaient, se confesse-
raient-ils d'avoir dérobé et égorgé ? — Non certes et s'ils
n'étaient pas athées, ils honoreraient le Dieu de la force.
Dans l'espèce humaine, il y a des races et des familles qui
se reconnaissent aussi bien aux mœurs qu'au type phy-
sique ; mais dans cette espèce les mauvais comme les bons
instincts sont affermis ou modifiés par l'éducation, par les
exemples et leçons traditionnelles. — Comme conclusion
de ce petit chapitre anthropo-zoologique, on peut dire que
si les bêtes et oiseaux carnassiers n'avaient plus que de
l'herbe à manger, ils périraient bientôt, et que si les
Brandebourg venaient à changer leurs mœurs séculaires,
ce serait le signe fatal de leur décadence.

LES ANTIQUES GERMAINS, NI LES MODERNES ALLEMANDS N'ONT CONNU L'UNITÉ.

Unité et pangermanisme, qui prononce ces mots avec
la bouffissure voulue, les Allemands le suivront, comme
les pies certains appâts ; les loups, une louve en folie ; les
moutons, celui de Panurge. Ils disent que le droit primordial leur donne et que leur valeur leur fera *reprendre* des
morceaux allemands jusqu'aux embouchures et aux

sources du Rhin, jusqu'à la Picardie, la Champagne et la Bourgogne, jusqu'à l'Adriatique. On a vu tout à l'heure ce qu'était la Germanie aux temps que l'histoire puisse atteindre. Elle s'étendait du Rhin à la rive gauche de l'Elbe : rien de plus. Les cinq peuples distincts qui y étaient huchés, campés, perchés, dans les forêts et dans les landes, se dédoublaient en trente tribus différentes et furent constamment en guerre, jusqu'aux derniers temps de la sauvagerie où se formèrnt des confédérations temporaires pour attaquer ou pour se défendre. Ces peuples formaient des fractions de la Germanie, comme dans la Gaule il y avait trois divisions géographiques qui finirent par se souder et ne faire qu'un bloc sous le nom de France ; comme dans la péninsule ibérique, les Catalans, les Asturiens, les Aragonais et les autres sont devenus l'Espagne. Mais jamais les peuples et tribus de la Germanie n'ont été ce qu'une fraction est à l'entier : pas même ce qu'un pouce est à une toise. Jamais elles n'ont formé de bloc.

Ils avaient des appellations distinctes sous le nom général de Germains ; comme actuellement, sous le nom d'Allemands, on comprend les Wurtembergeois, les Saxons royaux ou ducaux, les Bavarois, les Hessois, etc., et en dernier lieu, les habitants de la Prucznika ou Prussiens. Si cela n'était pas assez clair on pourrait dire que les appellations de Germains et d'Allemands ont à peu près la valeur géographique qu'après la découverte de Christophe Colomb, on donna au titre d'Indiens (occidentaux), dont furent dénommés les peuples des nouvelles contrées : peuples qui ensuite furent appelés, en masse encore, *Américains*; divisés en Hurons, Têteplates, Iroquois, Comanches et autres, se bataillant entre eux, avec

cette capitale différence, cependant, que ces pauvres tribus déclinent et se meurent, pourchassés par les États-
Unis d'Amérique, tandis que les Allemands sont forts et
veulent pourchasser leurs voisins.

Jamais le Rhin n'a été un fleuve allemand. Jamais de
ses eaux il n'a baigné les deux rives d'un empire unique
que sous des dynasties françaises : sous les Mérovingiens,
en très-grande partie ; sous Charlemagne, complétement ;
sous Napoléon Ier, dont l'empire, directement ou par
suzeraineté, avait à peu près les mêmes limites et les
mêmes vassaux que celui de Charlemagne. Ce fut après
la décadence des Carlovingiens que les tribus (il n'est
plus dit les peuples) d'au delà du Rhin formèrent des
royaumes, des principautés, des duchés, des évêchés,
des margraviats, des comtés (divisés en bourgraviats),
des villes et des territoires libres, qui continuèrent de
se combattre et même de plus en plus. Il y eut, il est
vrai, des rois dits de Germanie élus, mais ils ne possédaient que certains domaines propres : il y eut aussi des
empereurs, élus dans d'autres conditions ; mais, soit avec
le roi ou l'empereur, soit contre lui, soit entre eux, les
autres souverains se faisaient constamment la guerre
— et cela, avant comme après la fameuse *Bulle d'or*
qui régla les prérogatives des sept Electeurs (38) ; et
qui, prévoyant nécessairement les guerres des Allemands
entre eux, puisque la guerre était l'état naturel, en régla
les conditions. C'était comme l'anarchie organisée. Le
pouvoir des empereurs était tempéré par les droits des

(38) « Les sept ceps de vigne de l'empire; les sept colonnes qui ne pour-
» raient être ébranlées sans que l'édifice fût renversé; les sept chandeliers
» qui, avec les sept dons du Saint-Esprit, doivent éclairer le Saint-Empire. »
On planta plus tard deux autres ceps.

autres souverains ; par les droits et lois de la féodalité, par l'assassinat : ou renversé par les guerres, par les dépositions légales, par les trahisons. A l'époque où les Français, d'envahis devinrent envahisseurs, on comptait trois cent soixante de ces États, grands, moyens ou petits, autant que de jours dans l'année commerciale, y compris cinquante-et-une villes et territoires libres. Nombre de ces États étaient sous la protection et l'influence avouée de puissances étrangères à l'Allemagne et quelques faibles formaient la clientèle des plus forts. Napoléon réforma cette étrange constitution et devint le *médiateur* de la nouvelle. Une autre confédération se forma en 1815, et n'eût été la sagesse et l'influence de l'Autriche, les guerres eussent recommencé. On comptait encore quarante États indépendants, lorsque Brandebourg en confisqua quatre fort importants.

Guerres intérieures, politiques et religieuses, guerres justes, guerres iniques pendant lesquelles et à l'aide desquelles la Prusse s'agrandit ; alliance de quelques-uns contre quelques autres et paix rarement : Voilà l'état de l'Allemagne pendant des siècles. Était-ce l'unité ?

C'EST D'ATTILA QUE LES ALLEMANDS DATENT LEUR ÉTRANGE UNITÉ.

Attila ! voilà la *date certaine* que les notaires allemands donnent orgueilleusement à leur unité : à leur unité qui, sauf sous nos Mérovingiens, nos Carlovingiens et Napoléon Ier, qui en réunirent les tronçons, fut coupée tant et

Effectivement, en l'an 450, les Germains se rallièrent à Attila, roi des Huns et ensuite des Gépides, des Hérules, des Sarmates et autres peuples de même trempe. C'est à cette date que se firent les premiers rapprochements des tribus germaines entre elles, dans l'espérance et dans le but de détruire, avec les autres hordes, la civilisation, et de dévaster les villes de la Gaule et de l'Italie, comme quelquefois les loups se réunissent en une bande. *Pares cum paribus congregantur — furem fur cognovit et lupum, lupus,* disent des proverbes latins qui peuvent être traduits en anglais, mais non en français. Ce fut donc un rapprochement, mais non point l'unité et c'est trop d'orgueil, et en même temps grande erreur, de dater d'Attila. Tout le monde sait qu'Attila se baptisa lui-même du surnom de *Fléau de Dieu,* que l'histoire lui conserva (40) ; qu'il fut deux fois, dans les Gaules, défait et qu'étant allé se refaire chez ses bons amis d'outre-Rhin, il y mourut d'ivresse, la première nuit de sa deuxième noce, et quelque

(40) On a vu plus haut l'origine des Teutschs, fils de l'accouplement du ciel et de la terre. Hérodote et les auteurs anciens nous disent les prétentions des peuples sur l'ancienneté de leur origine ; et ces querelles se comprennent, en se reportant à une époque qui croyait que les dieux engendraient et que les déesses enfantaient. Mais on ne saurait comprendre l'orgueil que les Allemands d'aujourd'hui tirent de leur alliance avec Attila le Fléau de Dieu et avec ses Huns et Gépides — fut-ce pour dater du plus loin possible.

Une curieuse origine des Huns, les amis des Germains et probablement les *cousins* de quelques-uns, se trouve dans l'*Histoire des Goths*, par *Jornandès* (du sixième siècle), abréviateur d'un autre auteur. Il dit fort sérieusement : « Après que Filmer se fut rendu maître du pays des Scythes, comme il faisait la revue de son peuple, il y trouva certaines femmes qui se mêlaient de magie. Il les bannit et les relégua dans les déserts. On dit que ces misérables créatures, éloignées de tout commerce avec les hommes et errantes parmi les affreuses solitudes du Caucase, furent aperçues par les démons qui y habitent, et que l'art dont elles faisaient profession ne leur donnant aucun éloignement de ces mauvais génies... il en sortit l'horrible nation des Huns. »

lecteur, ignorant la langue allemande, pourrait s'étonner de cet orgueil : qu'il se fasse raconter le poëme des *Niebelungen*, le poëme national qui fait battre tout bon cœur allemand : il y verra les grands héros du massacre et de l'*unité germaine* groupés autour d'Etzel (Attila), qui joue dans ce poëme un rôle assez effacé, mais qui en a un capital dans un autre poëme national. (41).

LES LIBÉRAUX PRUSSIENS SONT UNE DES CAUSES CAPITALES DE LA CRISE ACTUELLE. IMPRÉCATIONS CONTRE EUX.

Confédération il y eut un jour, serrée et compacte, contre Napoléon Ier, entre tous les Allemands ; et ne se trouvant pas assez forts ils firent alliance avec la Russie, la Suède, l'Angleterre, l'Espagne, le Portugal ; toute la chrétienté d'Europe, moins le Danemark (42) et quelques régiments polonais qui nous demeurèrent fidèles. Ils étaient

(41) Cet autre beau poëme, *l'Edda,* montre les mêmes héros de l'unité, ou à peu près, s'injuriant au delà du goût de ceux d'Homère ; mais se complimentant aussi et au delà des politesses que se firent les Anglais et les Français à la bataille de Fontenoy ; se tailladant de la bonne façon germaine et se jetant des têtes coupées à la mode des Huns. Ragoûts et festins, dans l'un desquels la seconde femme d'Attila lui fait manger, dans du miel, le cœur de ses enfants du premier lit, « un jour qu'il revenait du carnage ; » guerriers, au cœur d'ours, tantôt hurlant, tantôt pleurant ; ivresse d'Attila, chiens dévorants lâchés comme auxiliaires ; incendie qui brûle tout et tout le monde, sauf deux ou trois, heureusement ! car s'il n'y eût eu de survivants on n'eût pu écrire ces beaux poëmes qui rendent les Allemands si contents et si fiers.

(42) On ne saurait trop dire et redire que le Danemark a toujours été le fidèle et loyal allié de la France. Cette nation a beaucoup souffert de notre alliance, surtout de la part de l'Angleterre et de la Suède. Nous avons envers elle une dette à laquelle la chute de Napoléon lui a empêché de faire honneur, mais qui n'est pas éteinte. L'ingratitude est un vice qui dégrade un peuple, aussi bien qu'un individu. C'est parce que nous sommes reconnaissants que nous portons tant d'intérêt aux Polonais, dont les régiments tirèrent avec nos troupes les derniers coups de fusil de la campagne de 1814.

dans leur droit strict ; mais ils oubliaient et ils oublient, ces intrépides et loyaux champions, que l'origine de nos guerres contre eux datait de 1792, où ils intervinrent contre notre révolution. Ils oublient que notre première bataille, c'est-à-dire *notre première victoire eut lieu sur le territoire français, envahi par eux* injustement et alors que nous étions dans les douleurs de l'enfantement constitutionnel et de la guerre civile qu'ils attisèrent. Ils oublient que notre première charte venait de dire : « La na-
» tion française renonce à entreprendre aucune guerre
» dans la vue de faire des conquêtes et n'emploiera jamais
» ses forces contre la liberté d'aucun peuple, » Encore une fois, ils oublient, les oublieux Allemands, que nos guerres de ce temps-là ne furent d'abord que défensives, et nos envahissements, des représailles. Ce sont eux qui sont venus sur nos terres à une chasse à courre contre la liberté, comme des dogues excités par les cris et la trompe des veneurs. Ils veulent actuellement, non se révolution-ner, — les dogues mordent et se mordent, mais ne se ré-voltent pas contre les veneurs, — ils veulent s'unifier et se sont mis en guerre. Sommes-nous intervenus, en aucune façon, pour faire obstacle à l'accroissement de forces que l'unité donne? Peuvent-ils avoir la pensée consciencieuse que nous voulions jamais intervenir ? Notre gouvernement, fort accusé par des députés qui ont le droit de parler haut et fort, de parler comme ils pensent, ce qui, en Prusse, ne se fait que sous peine de prison et d'amende pour ceux qui *pensent et parlent à moitié,* notre gouvernement a-t-il jamais été, par les journaux et par les députés, excité à intervenir et accusé de n'être pas intervenu? A-t-il cessé d'être voisin loyal, témoigné seulement la velléité de pro-

fiter de l'embarras des Allemands « pour s'arrondir et s'a-
grandir, » à la façon des Brandebourg, *per nefas ?*... Non...
et, profitant de la liberté que le gouvernement prussien
leur donne en cela, il n'est d'injures et d'accusations que
les soi-disant libéraux prussiens ne jettent et ne fassent
jeter sur la France et son gouvernement...

En vérité, libéraux prussiens, ceux de France vous prennent en pitié, vous qui prétendez être arrivés à la virilité
et vous laissez conduire par un despote, comme un enfant
ou un vieillard par une gouvernante ; qui ressemblez à ces
tribus de l'Amérique appelant le président des Etats-Unis :
« grand-père. » Serfs royaux, fils de serfs, fils des serfs
qui nous firent la guerre lorsque nous ne voulûmes plus
l'être, vous avez pieusement conservé pour votre patrie les
éteignoirs dont ils n'ont pu se servir en France. Seulement, et ceci n'est pas équitable, vous criez très-haut le
mal que les Allemands ont pu endurer de nous ; mais vous
ne dites rien de celui qu'ils nous ont fait, eux d'abord.

En vérité, la Prusse est une terre stérile pour la civilisation et la liberté. Le feu sacré y a été quelquefois apporté ; les libéraux s'en sont servi pour brûler, une à une,
les pages du contrat social et du droit des gens et allumer
leurs pipes ; puis le feu s'est éteint, comme les allumettes
s'éteignent dans la grotte de Pausylippe, et les pipes primordiales s'allument avec les pages des traités historiques.

Les libéraux prussiens excitent à la guerre contre la
France : ce sont des liberticides et des fratricides. Les
vrais libéraux ne veulent pas de guerre : elle ne profite
qu'aux rois ; elle blesse les mœurs actuelles ; elle appau-
vrit tout le monde. On dirait que la liberté n'ait plus de
conquêtes à faire en Allemagne, ou que, trop fougueuse,

il faille la.châtrer. On dirait que la Prusse n'ait encore usurpé aucuns territoires, puisqu'elle en veut encore... et au lieu de remplir leur rôle de modérateurs et bons conseillers, les libéraux prussiens secondent l'ambition de la dynastie confiscante et perturbatrice, et ils pervertissent même les jeunes gens. Lors de la querelle du Luxembourg, nos étudiants de Strasbourg ont envoyé à ceux de Berlin une adresse pacifique, et ceux de Berlin y ont répondu par des injures ; et comme l'opinion et la conscience publique de tous les peuples se sont soulevés d'indignation, ils ont renié leurs insultes, mais se sont refusé à répondre aux étudiants de Strasbourg. — Un *congrès* dit *de la paix* vient de se donner rendez-vous à Genève, et les libéraux prussiens ont refusé superbement de s'y rendre. Cependant quelques rares démocrates d'Allemagne ont déclaré vouloir y aller. Honneur à eux !

Il est dit : les soi-disant libéraux de la Prusse, et non point tous peut-être, ni les véritables libéraux de quelques Etats de l'Allemagne, qui ont des vues plus droites et plus utiles à l'unité allemande, vraie, ni les sages et patriotes allemands de l'empire d'Autriche, qui, loyalement unis à leur gouvernement, travaillent avec lui à réparer les quelques forces perdues, à guérir de ces plaies et accidents qui frappent les grandes nations, comme les hommes les plus robustes. Ils ne reçoivent pas même, ces vrais libéraux et allemands de l'Autriche, pas même des éclaboussures de ce ridicule pangermanisme et droit primordial dont les soi-disant patriotes libéraux de la Prusse se couvrent comme d'une crasse... et cependant, ainsi qu'on va le voir tout-à-l'heure, c'est à l'Autriche exclusivement qu'appartiendrait le résultat des revendications pangermaines.

A QUI REVIENDRAIT LE PRODUIT DES REVENDICATIONS PRUSSO-PANGERMAINES.

La Prusse d'aujourd'hui semble être une immense maison de fous : la Prusse westphalienne, berlinoise, brandebourgeoise, ou, ce qui serait encore plus juste, les soi-disant libéraux et autres amés et féaux du grand confiscant, et aussi les féodaux et fidèles conservateurs des abus, qui n'ont pas autant d'influence, surtout sur les peuples. Ils ne se souviennent que de la bataille de Rosbach, parfaitement gagnée sur les Français de 1756 ; de la bataille de Waterloo, où un de leurs généraux, mieux avisé que certains des nôtres, vint terminer une journée indécise ; de leur victoire sur les courageux, mais trop faibles Danois ; de leur bataille de Sadowa sur les Autrichiens mal préparés. Ils oublient d'autres et assez grandes batailles qu'il serait trop long de rappeler ; ils oublient que Napoléon, en 1812, leur infligea l'assez dure corvée de lui fournir un contingent de troupes à la suite des Français pour sa malheureuse campagne de Russie ; ils oublient la pittoresque figure que nos anciens soldats employaient pour peindre un adversaire qui s'en va (43). Ils rêvent l'empire et la confiscation de l'Europe, de compte à demi avec la Russie, en attendant que le plus fort des deux, qui sera la Prusse, étrangle l'autre. Certain indiscret qui prétend avoir écouté à certaine porte du château de Sans-Souci, prétend avoir entendu ceci : « Il n'y a qu'un Dieu... en trois personnes, » il est vrai ; et alors il ne doit y avoir que trois personnes

(43) La figure ne peut pas s'écrire, même en latin.

» royales en ce monde, à savoir : un roi allemand, un roi
» de Russie et d'Asie, — le reste à qui le prendra. Fabriquons
» seulement de grandes aiguilles qui embrocheront les
» Français et les autres ; de grandes flottes qui couleront
» toutes les autres, y compris celles de l'Angleterre. En
» attendant, revendiquons. Habituons les peuples à la
» pensée que nous avons le sentiment de notre droit et de
» notre force. » Et ils revendiquent...

Et ils ne réfléchissent pas à quelles épouvantables con-
flagrations pourrait aboutir la prétention de revendiquer,
d'une part, les terrains sur lesquels on a mangé ou fait
manger quatre tonnes de choucroute, et, d'autre part, ne
pas restituer les territoires sur lesquels cette chatterie était
inconnue. Quel tribunal, autre que celui où les canons
prennent la parole, jugerait les contestations ? Si un tribunal pacifique, ayant la toge pour uniforme, en décidait,
si le dol et la violence injuste étaient condamnés à la res-
titution... que resterait-il, on l'a déjà dit, aux descendants
de celui qui construisit le château de Hoenzollern ? Ce
serait la première et la plus facile cause à plaider. Mais
les autres ?

Que l'on admette que, avant de tirer le canon, les avo-
cats politiques, c'est-à-dire les diplomates, ne fassent pas
leurs discours ; que l'on admette que la France, la Suisse,
la Hollande, la Belgique, prises de peur, fassent droit aux
revendications des pangermains. Vous admettrez bien, ô
formidables Prussiens et prussianisés, que nous ayons
peur de vous ? Donc, nous avons peur de vous. Mais à qui
devrions-nous restituer, nous et nos co-peureux ?... A qui,
s'il vous plaît, à qui ?...

A l'Autriche... A l'Autriche seule. Tous les cantons et

contrées ci-dessus dits, étaient ou avaient été à elle aux temps modernes historiques. Tous, sauf les républiques de Strasbourg et de Mulhouse, comme dit a été aussi. Or, l'Autriche ne revendique rien. Elle ne fait et sans doute ne fera point partie de la confédéralion présente et future de l'Allemagne prussianisée. Marchant dans une voie sage et conciliante, elle ne voudra certes pas en sortir pour entrer dans un labyrinthe, dans un chemin fou.

Or, nul n'ignore cela, et la conséquence du refus de l'Autriche à entrer dans le labyrinthe est que la dynastie pangermanique et tous les pangermains à sa suite revendiquent, par des paroles malhonnêtes, des biens qui, même en concédant le bienfondé de la revendication, ne leur appartiendraient pas. Que s'ils faisaient leur revendication par les armes, ils seraient, devant Dieu et devant l'histoire, les mêmes sauvages qu'au temps d'Attila, — et ils auraient peut-être le même sort, car la Hollande et la Belgique, la Suisse et la France sont plus fortes que le Danemark.

Il faut espérer qu'un jour il n'y aura plus d'autres troupes permanentes que la bonne et fidèle gendarmerie. La civilisation marche, et avec elle l'esprit de paix et d'honneur et l'adoucissement des mœurs (44). Sauf en Prusse, les rois s'aperçoivent que l'honnêteté n'est pas seulement imposée aux bourgeois et petites gens. La Prusse a continué

(44) L'adoucissement successif de nos Codes retrace la marche de notre civilisation et des intentions libérales de nos gouvernements. On y voit la suppression des tortures préventives, des bûchers, de l'écartellement et autres supplices prolongés; la suppression de la marque par le fer rouge et de toutes mutilations; l'admission de circonstances atténuantes; la grande diminution des cas et de l'application de la peine de mort. La suppression de la contrainte par corps. On remarque parmi les réformateurs Louis XVI et notre grande Révolution; puis après un assez long temps d'arrêt, le gouvernement de Louis-Philippe, qui laissa peu à faire, et le gouvernement actuel, qui est quelquefois obligé, ce qui s'était vu en France rarement, de lutter pour des améliorations.

de suivre et appliquer l'ancien code germain édicté par le plus fort. Aux cris de réprobation universelle qui s'élèvent contre elle, il faut qu'elle s'arrête, sinon il sera fait d'elle justice. La géographie zoologique nous dit qu'il n'y a plus de loups dans les bois des îles britanniques.

DES AMITIÉS ET ALLIANCES POLITIQUES.

Depuis la dispersion de la Sainte-Alliance et depuis qu'il n'y a plus de guerres générales, les grandes puissances demeurent dans leur force propre, sans alliances. Mais il y a des intérêts communs et des tendances qui portent ou porteraient certains peuples à se réunir.

Des hommes fort libéraux, réfléchissant sur le présent et l'avenir, et oubliant le passé, voudraient une alliance avec l'Angleterre, dans la prévision des envahissements de la Russie; d'autres voudraient au contraire une liaison avec la Russie. L'Autriche possède actuellement les sympathies générales. Quant à la Prusse, l'unanimité contre elle ou plutôt la réprobation est *parfaite,* en ce sens qu'il n'y manque rien. On s'occupe trop peu des États secondaires de l'Allemagne qui, réunis en confédération étroite, formeraient une puissance considérable.

Voyons d'abord ce qui touche à l'Angleterre : nos haines et jalousies, séculaires et réciproques, se sont apaisés *du quart*, pourrait-on dire arithmétiquement, si l'on faisait une masse totale. C'est par l'Angleterre que nous avons éprouvé nos plus grands désastres, par ses armes et ses puissantes flottes, par sa diplomatie et son or. Mais nos ressentiments se sont émoussés par l'action d'une longue paix, par diverses solidarités et confraternités ; par les dispositions peu rancunières de notre caractère. Nous avons moins de haine et peu de jalousie. Nous rendons hommage aux très-grandes qualités que les Anglais possèdent. Tous sont éminemment patriotes. Leur aristocratie multiple les gouverne avec sagesse, et même l'aristocratie de naissance sait se soumettre à l'opinion publique qui s'exprime par les journaux et par vingt et trente mille bouches hurlant pacifiquement leur volonté (*) ainsi que celle des absents. Leurs relations privées, surtout au sommet des échelles, sont généralement loyales. Leurs marchandises de paix ou de guerre sont confectionnées au caprice des demandeurs (45), fussent-ils les ennemis de leurs amis. Si on leur demande du poison ou si leur gouvernement leur en procure le débouché, comme en Chine, la qualité y est ; le poids aussi. Ils savent que la probité fait passer des écritures au compte *profits et pertes*. Ils exportent au loin la civilisation, et lorsqu'elle leur est profitable, ils la plantent à coups de marteau et même à coups de canon. Ils ont émancipé leurs nègres et provoqué une sainte croisade contre les propriétaires d'esclaves, parce qu'ils n'en avaient besoin dans les Indes, leurs colonies capitales, et ils laissent *mourir de faim*, à la lettre, les Irlandais dont ils ont pris toutes les terres. Ils nous associent à des guerres dont ils nous abandonnent presque toute la gloire, en ne se ré-

---

(*) Elles ne l'exprimèrent point, les masses anglaises, leur volonté contre les tortures dont Napoléon fut supplicié à Sainte-Hélène.

(45) Un manufacturier anglais, tant que la guerre ne sera pas déclarée, livrera des armes à quiconque ; il se plie avec empressement aux exigences d'une commande qui, pour une étoffe, par exemple, sera de tant de *cannes*, *brasses* ou *pics*, formant tant d'yards, pieds et pouces anglais, tandis que beaucoup de manufacturiers français refuseront de se soumettre à un aunage qui ne sera pas de tant de mètres routiniers.

servant que les profits. Ils nous complimentent chaleureusement ; nous fêtent splendidement avec *toasts à la France*. Mais au sortir des banquets, la nuit, *in vino veritas*, les *tosteurs* nous insultent dans la rue (46). Les Français sont injuriés même en plein soleil, les jours où il y a du soleil, comme le sont les Européens en tout pays musulman. Ils nous secondent, lorsque leur même compte, profits et pertes, y trouve son avantage : mais lorsque, d'une entreprise, la France doit trouver un avantage exclusif, leur ton officiel devient aigre–doux, froid, menaçant. Ce sont d'habiles gens (47). Ils n'ont voulu donner à l'Italie, « ni un homme ni un schelling, » et ils ont les sympathies et l'admiration de Garibaldi *e tutti quanti*. Ce sont de fort habiles gens : mais la •France et sa politique n'ont qu'à perdre avec eux. — Rien à gagner. Ce dont la haine de ce

(46) Ces insultes sont ici affirmées sur le témoignage d'un homme honorable qui les a subies et en a été dégagé par un Anglais fort honorable qui, étant du banquet et étant demeuré de sang-froid, a reconnu ses convives et pris *en main* la défense des insultés.

Par occasion, voici un trait qui fera juger de l'*esprit anglais* à l'égard des Français, et ce trait est affirmé *de visu* par l'*écrivain*, comme on dit dans le commerce. A 1,500 lieues de l'Europe, il se trouvait sur son petit navire ensablé, non point en danger, mais dans un grand embarras dont ses matelots s'efforçaient de sortir. Son drapeau national flottait en poupe. Tout à coup, de poupe aussi, vint à passer un navire semblable; monté par deux jeunes gens aux couleurs anglaises, qui filèrent bord à bord, sans même saluer le Français, beaucoup plus âgé qu'eux. Il n'y eut d'échangé, à 1,500 lieues d'Europe, qu'un de ces regards qui s'échangent dans les rues, entre indifférents dont les yeux se rencontrent. Ils eussent sans doute tiré un nègre ou un Prussien de son embarras; mais ils y ont laissé un Français. Du reste, l'écrivain croit que s'il y eût eu *danger*, les Anglais y seraient allés.

(47) Les Anglais ont perfectionné avant nous beaucoup de choses, et, entre autres, les coups de bourse. En 1815, quelques jours avant la bataille de Waterloo, c'est-à-dire bien avant les chemins de fer, le télégraphe électrique et la naissance, en France, des jeux de bourse, le courrier d'un joueur, qui, plus tard, se fit un assez grand nom parmi les aventureux, vint tomber, haletant et poudreux et son cheval idem, sur les escaliers de la Bourse de Londres, comme le soldat de Marathon aux Propylées d'Athènes, et tenant pour palme un billet annonçant une victoire contre les Français, décisive et fausse...

peuple contre nous a pu être diminué, la jalousie l'a repris. Le total anglais est demeuré au même chiffre.

La querelle luxembourgeoise et les ardeurs pangermaniques d'unification ont montré les prétentions de la Prusse et d'une grande portion de l'Allemagne égarée. Il est dans le rôle de la Prusse d'affecter le ton rodomond vis-à-vis de la France, et même le despotisme déjà vis-à-vis de l'Allemagne. On a dit que la dynastie prussienne ne montrait de si grandes prétentions que parce qu'il y avait entre elle et la Russie un traité secret et que le traité avait été obtenu au moyen d'une clause qui livrait Constantinople aux Russes... Ce traité semble être, quant à présent, impossible. La Russie est trop habile pour se lier à la Prusse si compromise et compromettante, n'en connût-elle pas la fourbe et l'ambition ; trop habile pour laisser Brandebourg s'emparer de la Baltique. Elle a dans la mer Noire une flotte qui n'est plus qu'un joujou, comme les enfants en font voguer sur les bassins des jardins, et elle ne peut risquer de voir sa flotte de la Baltique enfermée aussi dans un autre bassin sans issue, ou du moins dans un bassin dont Brandebourg possèderait les portes. Quant à s'emparer de Constantinople, la Russie sait ce que lui a coûté une guerre avec l'Angleterre et la France. Elle aurait, cette fois, la Prusse avec elle : oui, mais nous aurions l'Autriche qui est, certes, et de toutes façons, plus forte que la Prusse. En guerre avec la Prusse et la Russie, nous mettrions le feu aux poudres de la Pologne prussienne et russienne, et les États de l'Allemagne se rangeraient certainement du côté qui leur offrirait la véritable indépendance et le droit de se constituer selon leurs intérêts et leurs volontés. Sauf de graves et nouveaux événements, la

Russie doit voir un danger dans les ambitions maritimes de la Prusse et même dans son amitié.

L'Autriche et la France ont été longtemps ennemies. L'*abaissement de la maison d'Autriche* était un dogme politique, stéréotypé dans le cerveau de nos hommes d'État depuis le quinzième siècle; car elle était, cette maison, d'une puissance relativement colossale, au milieu des autres, et se montrait notre ennemie. En résumé, la France lui a toujours fait plus de mal qu'elle n'en a reçu et, au milieu des défauts que les étrangers peuvent nous reprocher, ils ne peuvent nous donner le tort de ces infâmes qui en veulent aux autres du mal qu'ils ont fait, comme du bien qu'ils ont reçu. L'amour du dogme nous a emporté ou plutôt nous a fait, malgré nous, aller au delà du juste et de notre vouloir. Nous aurions à le regretter bien amèrement aujourd'hui, si cette maison qui, à toutes les époques de son histoire, même les plus funestes, n'a jamais désespéré d'elle et a su trouver, même dans les abîmes, de grandes et heureuses inspirations et voies de salut, ne venait de se relever tout à coup : se relever comme ces géants que le hasard des combats, un piége, un accident a fait choir : comme ces gens de cœur et d'honneur qu'une grande infortune peut forcer à s'incliner, mais qui bientôt retrouvent leur force.

L'empereur François-Joseph doit être *aimé* et sympathique en France, parce qu'il s'est montré grand dans le malheur, loyal toujours et libéral franchement (48).

---

(48) Le premier ministre de l'Autriche, plus grand que son ennemi de Prusse, quoique ce dernier possède aussi les qualités d'un grand homme et d'un grand patriote; plus grand, car il est plus difficile de réorganiser et accroître les forces d'un empire mutilé, que de conseiller l'organisation perfide d'une rapide invasion et d'organiser despotiquement, c'est-à-dire à

Les Autrichiens et les Hongrois doivent aussi être aimés de nous ; parce que ce sont de bons et braves soldats et de *bonnes gens ;* parce que , pendant les cruelles invasions de 1814 et 1815, ils se sont montrés généreux et nobles envers nos populations (49). D'ennemie qu'elle a été, l'Autriche doit devenir notre amie, notre alliée, et le lien qui nous réunira ressemblera en quelque chose aux conditions qui rendent heureux et utile un mariage de raison : la confiance et l'estime réciproque, la loyale fidélité, la nécessité de l'union.

Quant à la Russie, il faut, avant d'en parler, savoir se dégager de cette sorte de cauchemar prophétique, de cette sinistre et quinquagénaire prophétie faite à Sainte-Hélène

la prussienne, les conséquences d'une victoire, le grand ministre d'Autriche a une considérable part dans le mouvement rénovateur et libéral de l'empire d'Autriche : mais avant l'arrivée de ce ministre, l'empereur François-Joseph avait fait, comme on dit, *ses preuves* déjà. Ces preuves sont historiques. En voici une qui a peut-être passé inaperçue et se trouve dans le journal l'*Europe,* de Francfort, du 22 février 1863 : 1863 ! Que l'on remarque ce millésime. Voici deux fragments de ce journal :

« On mande de Vienne qu'on y fait de grands préparatifs pour célébrer,
» le 26 février, l'anniversaire de la constitution. Dans les autres villes de
» l'empire, on montre un enthousiasme égal pour la célébration de l'anni-
» versaire de la proclamation de la constitution. »

» On lit dans l'*Indépendance belge :* — La politique de l'Autriche et de ses
» principaux organes forme un contraste frappant avec la politique de la
» Prusse. L'Autriche, dit l'*Ostdeutsche Post,* souhaite sincèrement que les
» promesses de constitution faites à la Pologne par l'acte final de Vienne
» soient accomplies, et que ce pays, si malheureux, si éprouvé, obtienne les
» institutions qui conviennent aux nations civilisées.

» L'attitude du cabinet de Vienne encourage ce langage. En ce moment,
» il pousse la confiance en la fidélité de ses sujets polonais jusqu'à remettre
» à des troupes de cette nationalité la garde des places de la Gallicie. C'est
» d'une bonne politique et dût-elle avoir pour effet de provoquer chez les
» Slaves l'espérance fort hasardée de voir l'empereur François-Joseph se
» mettre résolûment à la tête d'un mouvement émancipateur de leur race,
» elle vaut mieux que les traditions d'antagonisme et de compression qui
» ont fait, dans le passé, à l'empire des Habsbourg, etc. »

(49) Les souvenirs des hommes et des enfants qui datent de ces époques, disent aussi que les Prussiens et les Anglais, les Prussiens surtout, avaient, au contraire des Autrichiens, des exigences plus brutales et une conduite plus odieuse que celles des Cosaques. On ne se plaignit pas des Russes.

par Napoléon qui, certes, n'a pas eu parmi ses dons celui de prévoir l'avenir, et qui d'ailleurs, comme les oracles d'Apollon, n'avait pas qu'une alternative ; se dégager aussi, pour un instant, du sentiment qui nous porte vers les Polonais, ces descendants des fidèles auxiliaires de nos pères aux temps néfastes : ces représentants de l'énergie vitale qui ressemble au remuement des tronçons de certains êtres coupés ; sachons, sans remonter trop haut dans notre histoire, nous demander si nous ne nions pas aux Arabes de l'Algérie, même à ceux qui n'ont jamais été les sujets du Dey d'Alger de 1830, le droit de s'insurger contre nous. En conscience, rappelons-nous et regardons ce que nous avons fait nous-mêmes et faisons, et ce que font tous les conquérants lorsque l'énergique patriotisme d'un peuple conquis lui fait tenter des soulèvements. Sachons, lorsque nous accusons le despotisme du Czar, de ses généraux, ainsi que l'obédience passive de ce qui est au-dessous, sachons nous demander si nous n'avons été, nous, qu'un amas de nigauds politiques et de plats jusqu'en 1789, et si nos pères n'ont pas supporté de plus grandes tyrannies qu'on n'en souffre en Russie. La Sibérie est de nos jours : est-elle plus inique que ne l'a été l'emprisonnement à la Bastille et dans des forteresses françaises et par *lettres de cachet* d'un rival quelconque, d'un père ou d'un époux gênant, ou d'un *folliculaire*, ou d'un simple *cancanier*. Sachons-nous dire que nous ne sommes pas assez Lacédémoniens pour mépriser les autres peuples. Sachons voir que le Czar actuel, sans y être forcé par qui que ce soit, ou quoi que ce soit, a émancipé ses serfs et obligé l'aristocratie à émanciper les siens et qu'il laisse vivre quelque opposition et liberté ;

ces beaux arbres qui grandissent si vite, en tout pays et n'importe qui les plante. La France a été esclave soumise pendant des siècles. Que l'on compte les années de gestation qui se sont écoulées avant notre accouchement et que l'on se dise si nous avons bien le droit de nous tant enorgueillir d'un enfant mal élevé, tortu et bossu.

Nos intérêts n'ont jamais été et ne sont pas en opposition avec ceux de la Russie. Les classes dominantes y sont honorables et nous sont sympathiques. La Russie est l'alliée naturelle de la France contre les jalousies et les haines de l'Angleterre et de la Prusse. Notre libéralisme aura-t-il plus d'étroitesse et de pruderie que celui des États-Unis du Nord, ces autres jalousés de l'Angleterre qui ont contracté une alliance intime avec l'autocratie russe? C'est l'Angleterre qui habille l'Empereur de Russie en Croquemitaine avec des bottes de sept lieues et un appétit d'ogre. Il lui importe, à l'Angleterre, qui nous a pris toutes nos conquêtes dans les Indes, sauf un pied-à-terre à nous laissé, comme une mansarde à un propriétaire ruiné, il lui importe d'exploiter seule et tranquillement la riche mine indienne. Mais au fond et en vérité, que nous importe, à nous, que Constantin Alexandre aille dans la mine de George John? Mais, au contraire, nous devons désirer, nous, qu'Alexandre Croquemitaine aille satisfaire son appétit en Asie.

Donc, alliance étroite, très-étroite entre la France, l'Autriche et la Russie, d'une part; et étroite aussi entre l'Angleterre et la Prusse, nos ennemies naturelles.

Ce qui importe surtout à la Russie, que l'on ne peut, sans tomber dans des émotions d'enfant, craindre de vouloir dominer l'Europe, c'est de posséder la côte d'Asie aux

détroits de Marmara, et l'on pourrait la lui livrer en réservant les côtes de l'Europe, en face. Ces détroits ont moins d'importance pour le monde commercial que celui de la mer Rouge, là où la mer prend le nom d'Aden ; là où l'Angleterre a construit des forteresses devant lesquelles les navires de l'univers devront passer après avoir suivi le canal de Suez. Des forteresses que le monde a laissé bâtir sur des terrains achetés pour quelques mesures de calicot et d'eau-de-vie à des cheiks et imans qui n'en étaient pas même légitimes propriétaires. Le canal de Constantinople conduit au lac appelé mer Noire ; la mer d'Aden est la route qui conduit à un monde riche et immense. C'est l'Angleterre qui s'est faite le portier de cette route, indûment et dangereusement. Les forteresses anglaises qui sont aux deux côtes asiatiques et africaines du détroit de Bal-el-Mandeb, voilà le danger pour le commerce non anglais... et l'Europe a failli s'égorger pour les murs de Luxembourg !

CONCLUSIONS.

La plus naturelle conclusion, la plus digne de la raison humaine est qu'il n'y ait plus de rapines royales, plus d'envahissement d'un peuple faible par un fort, plus de guerre de forts à forts : qu'une police et un code international et un suprême jury tranchent les difficultés et rappellent à la raison les peuples insatisfaits et troublant le grand ordre. Qu'il n'y ait que des rivalités pacifiques et des milices ou gendarmeries locales pour la police intérieure de chaque État : qu'il y ait désarmement et liberté partout : liberté en rapport avec la civilisation, le vouloir

et le tempérament de chaque peuple. Les peuples n'auraient alors de velléités de révolutions, ni les rois de
craintes pour leur pouvoir et leur dynastie. Mais arrière
ce qu'on appelle les *droits acquis* et la majesté des *faits
accomplis*. Que le grand jury prononce si la Turquie a
le droit de ne faire, en 1867, à ses sujets conquis, chrétiens ou israélites, que des promesses; si une misérable
nation qui ne vit que par le consentement des nations
chrétiennes, et qui sans elles serait depuis longtemps
anéantie ou refoulée, aura le droit d'insulte et de mépris
sur les chrétiens; si la Prusse doit conserver le produit
de ses dernières usurpations. — Turquie et Prusse ne seraient-elles pas obligées de céder si le reste du monde
l'avait décidé?

Napoléon III avait proposé un congrès qui eût peut-
être atteint le but. Cette grande et très-grande idée ne
pourrait-elle donc être reprise. Tout le monde veut la
paix, en tout pays, sauf en Prusse, et l'on peut, il semble,
passer outre.

Dans tous les cas possibles, les États allemands appelés secondaires seraient appelés à se constituer en
une confédération dont ils édicteraient seuls les conditions, sans patronage ni pression. Le patronage est
une tutelle, une sorte de servage et ils n'ont besoin
de l'aide d'aucune autre puissance pour en former
une considérable. Il y aurait entre cette nouvelle puissance, le Danemark, la Hollande, la France, l'Autriche,
l'Italie, la Suède, traité d'alliance, avec protocole ouvert
pour l'adhésion des autres. ·Le grand congrès pacifique
pourrait naître ainsi. Il faut tenir pour impossible que

l'Angleterre se ligue avec la Russie et la Prusse et quitte son système de non intervention pour faire la guerre à une alliance de nations qui ne lui serait manaçante ni dommageable. Elle serait plutôt disposée à accroître par sa présence la force de l'alliance, dans la crainte qu'en son absence la Russie n'y entre : ce qui la laisserait seule au monde avec la Prusse.

Dira-t-on qu'il peut arriver que, réunies en une monstrueuse trinité, la Russie accorde l'Égypte à l'Angleterre ; celle-ci Constantinople à la Russie ; toutes deux, à la Prusse, les nations ou portions des nations européennes *à conquérir*... et que cette trinité déclare la guerre à qui ne se soumettrait. Ce serait la plus effroyable lutte que le monde eût jamais vue, avec les moyens de destruction que *la civilisation* a perfectionnés... Mais aux immenses forces de l'alliance contraire, luttant pour le salut et la liberté de l'Europe, se rallieraient inévitablement ces implacables qui s'appellent Pologne prussienne, Pologne russienne. Hanôvre, Irlande, Hesse et autres qui, puissamment aidés et armés, cette fois, jusqu'aux dents, rongeraient au cœur, chacun son ennemi : car il est à remarquer que l'Angleterre, la Russie et la Prusse soient les seules·puissances précisément, les seules qui recèlent en elles des ennemis impatients, et comme il vient d'être dit, *implacables*. La France est partagée en beaucoup de partis, puisqu'elle a fait tant de révolutions : mais tous se rallieraient sous le drapeau de la patrie en danger.

C'est effectivement cette triple alliance qui présenterait le plus de dangers pour la France et pour ses alliés : mais danger ne veut pas dire insuccès. Danger il y aurait des deux côtés et l'on peut tenir pour certain que ni la Russie ni l'Angleterre ne voudraient s'y exposer, alors qu'une autre combinaison d'alliance offrirait à chacune un succès assuré. La Russie serait des nôtres dans la combinaison suivante.

Des moqueurs et même des hommes sérieux pourraient dire que cette combinaison ne possède, comme beaucoup de sottises, que le mérite de la nouveauté : mais qu'on y réfléchisse, on y trouvera peut être, sauf le perfectionnement des docteurs et des maîtres, un moyen pratique de trancher la grande *question de Constantinople*, tant ajournée par les efforts de l'Angleterre : question que la Russie entamera et résoudra seule, toute seule, à la première *grande guerre européenne*. Que l'Angleterre entre dans le grand conflit prusso-pangermanique, ce qui n'est pas dans les probabilités, ou qu'elle nous laisse nous égorger tant et plus, dans l'espérance de faire plus sûrement sa bonne part à la curée des peuples épuisés, l'Angleterre pourrait-elle s'opposer à la prise de Constantinople par la Russie qui, elle aussi, pourrait conserver ses forces intactes ? — Non. Seule et ses forces demeurant bien libres, elle ne le pourrait : belligérante, elle le pourrait moins encore : la France et l'Autriche, combattant *pro aris et focis*, auraient bien d'autre souci que le souci des Turcs et de leur capitale — et c'est encore ce constantinopolitain motif qui doit porter à espérer que le conflit prussien ne serait ni long, ni difficile, l'Angleterre ni la Russie n'y prenant point part.

L'expérience est faite et parfaite. Les Turcs ne se tiennent debout depuis longtemps que sur les deux béquilles que lui prêtent l'Angleterre et la France : une seule béquille

ne suffirait, l'empereur Nicolas a parfaitement défini le
sultan : « Un malade » qui vit et peut vivre encore
à force de soins : mais qui est fatalement condamné
à mourir et bientôt : comme on meurt de maladies incu-
rables (50).

La France, à qui le malade importe peu au fond, devrait
être la maîtresse de la situation, l'arbitre de la conduite
de l'Angleterre, à qui la couche du malade importe tant,
n'y eût-il dedans qu'un squelette, et dans son cabinet un
portrait.

Donc, si l'Angleterre refusait, comme elle l'a fait déjà,
d'entrer dans le Congrès pacifique suprême, si elle refusait
de démolir et abandonner ses forteresses de Bab-el-Mandeb,
elle demeurerait dans sa liberté et sa grandeur ; dans la
liberté de s'allier avec la Prusse, lorsque toutes les autres
puissances décréteraient ce qui suit :

Aux États de l'Allemagne, qui seraient toute l'Allemagne historique, et même encore plus, la formation d'une
confédération qui serait une puissance de premier ordre.
— A l'Autriche, qui ferait d'autre part quelques abandons,

---

(50) Ce n'est point parce qu'ils sont musulmans que les Turcs sont faibles
et implacablement ennemis des chrétiens : c'est parce qu'ils sont fanatique-
ment ennemis du progrès et de la civilisation. Leur orgueilleuse religion
les porte au *statu quo* et au fanatisme, sans doute, mais n'est la cause de
cette faiblesse et de cette incivilisation. Les Arabes aussi sont musulmans ;
mais bien gouvernés, bien excités, en Égypte, par exemple, ils se relèvent
de la maladie que la domination des Turcs leur avait communiquée. De sim-
ples satellites, les Turcs sont devenus les maîtres des Arabes, et ces derniers
sont tombés dans l'indolence, dans l'intolérance, dans la crasse ignorance,
dont les Turcs se font gloire. La race arabe est, au contraire, vive et intel-
ligente, et alors non systématiquement ennemie de la civilisation. Voici ce
que dit l'*Évêque* Daniel dans son *Abrégé de l'histoire universelle* à propos des
croisades, et d'ailleurs tous les historiens rendent justice aux Arabes : « Les
» sciences naturelles, la médecine, la géographie, l'histoire et la poésie
» profitèrent beaucoup du contact avec les savants Arabes et du mouvement
» intellectuel excité par tant d'aventures et de voyages. »

les rives du bas Danube avec la Roumélie ; le château des
Dardanelles et Constantinople compris. — A une nouvelle
Pologne, tout ce qui a été Pologne, et depuis les monts
Karpathes jusqu'à la Baltique. — Au Danemark, son
Holstein, et plus encore, — Au roi de Hanovre, à la ré-
publique de Francfort, au duc de Hesse et au duc de
Nassau leurs territoires. — A la France, ses frontières
historiques primordiales, telles que les États de l'Allema-
gne, réunis en leur diète, les reconnurent en février 1801,
au traité de Lunéville ; le premier traité qui suivit leur
invasion de 1792 (51). (Sauf celui fait avec la |Prusse qui

(51) Ce traité portait (que l'Allemagne s'en souvienne), article 6 : « L'Em-
» pereur et Roi (d'après la résolution de la Diète), tant en son nom qu'en
» celui de l'Empire germanique, consent à ce que la République française
» possède désormais en toute souveraineté et propriété les pays et domaines
» situés à la rive gauche du Rhin et qui faisaient partie de l'Empire germa-
» nique ; de manière qu'en conformité *de ce qui avait été expressément
» consenti au congrès de Rastadt*, par la députation de l'Empire, le thalweg
» (le courant principal et milieu du fleuve) du Rhin soit désormais la limite
» entre la République française et l'Empire germanique, savoir : depuis
» l'endroit où le Rhin quitte le territoire helvétique, jusqu'à celui où il entre
» dans le territoire batave. En conséquence de quoi la République française
» renonce à toute possession quelconque sur la rive droite du Rhin e
» consent à restituer à qui il appartient les places de Dusseldorf, Ehrein-
» breitstein, Philipsbourg, fort de Cassel, vis-à-vis de Mayence, à la rive
» droite, le fort de Kehl et le vieux Brisach, sous la condition expresse que
» ces places et forts continueront à rester dans l'état où ils se trouveront
» lors de l'évacuation.
» Art. 7. — Comme, par suite, plusieurs Princes et États de l'Empire se
» trouvent particulièrement dépossédés, tandis que c'est à l'Empire collec-
» tivement à supporter les pertes résultantes des stipulations du présent
» traité, il est convenu que l'Empire sera tenu de donner aux Princes un
» dédommagement qui sera pris dans le sein dudit Empire, suivant des
» arrangements qui seront ultérieurement déterminés. »
Ce n'est point, que les Allemands se le disent, par ambition ni même par
réminiscence *pangalloise*, plus soutenable, devant l'équité et l'histoire, et
plus fondée que leur stulto - primordio - subversivo - pangermanico *droit,*
ce n'est point pour les insulter à notre tour, que ces frontières et ce
traité, auxquels ils ont été heureux d'adhérer, sont rappelés. Les libéraux
de France ne voudraient acquérir de territoires au prix d'une guerre. Ils
jugent la France assez forte. Mais une nouvelle délimination de frontières
internationales nous obligerait à nous agrandir aussi au milieu de nations
qui s'agrandiraient énormément.

avait abandonné ses co-États, dès 1795.) — Au roi de Hollande, la Westphalie pour dédommagement de ses pertes.
— Au roi de Bavière, aussi des dédommagements. — Au roi des Belges, un royaume taillé dans ce qui restera de la Prusse, avec Berlin pour capitale. — A la Russie, toutes les rives asiatiques de Marmara et des *canaux*, toutes les côtes d'Asie sur la mer Noire et sur la Méditerranée, l'Anatolie, la Caramanie jusqu'à sa Géorgie, et déchirement du traité qui limite sa flotte de la mer Noire. — A la Grèce, les îles et terres fermes de la Turquie d'Europe que l'Autriche n'aurait pas. — A tout le monde, l'île de Malte démantelée. — A l'Espagne (52), son Gibraltar démantelé aussi. — Aux descendants de Méhémet-Ali, le civilisateur, la conservation de l'Égypte et tout le Nil sans limites. — A tout le monde, le canal de Suez, avec des garnisons qui obligeraient les pèlerins de la Mecque à continuer leur retour dans le désert, c'est-à-dire de se purger de la peste et du choléra. — A Abd-el-Kader, l'Algérie qui nous ruine (53), toute l'Algérie, moins Oran. — A la

(52) L'Espagne devrait compter ici : mais, tant torturée et aplatie pendant des siècles, elle demeurerait neutre dans le conflit européen; employant ses pauvres forces à se régénérer. Elle se relèvera ! Un peuple qui a du patriotisme jusqu'à l'exaltation, des mœurs pures, de l'intelligence et confiance en lui, un tel peuple peut subir des transformations et des crises; mais ne meurt pas.
(53) L'Algérie nous ruine sans profits possibles. L'expérience dure depuis trente-sept ans. La France n'en a jamais retiré que de misérables impôts, parmi lesquels sont surtout les prélèvements indirects sur les appointements, sur la solde des troupes et sur les subventions que nous payons. Ce fut une glorieuse conquête : d'accord. Mais vienne une grande guerre comme celle qui menace, et que l'Angleterre y souffle ou non la guerre, qu'elle y envoie ou n'y envoie pas d'armes, toute l'Algérie se soulèvera contre nous; nous forcera à y entretenir soixante mille hommes, à moins que nous ne nous retirions honteusement derrière les remparts des villes qui en seront pourvues, et nous forcera à employer là une marine qui serait utile ailleurs.
Que de *chemins vicinaux* seraient construits, que d'institutions qui font la gloire et la fortune des nations auraient été dotées et conduites à bonnes

dynastie des Brandebourg, des domaines dans lesquels elle
dépenserait les revenus de ses trésors.

La Prusse et l'Angleterre seraient-elles assez fortes,
pour s'opposer à ce décret? — Non. Les peuples et princes
de l'Allemagne ne feraient la folie de se battre contre ceux
qui leur offriraient l'indépendance et *l'unité vraie*, et le
Pangermanisme vrai. L'Angleterre, forcément, se soumettrait. Elle serait encore l'une des plus grandes nations
du monde. Sa puissance et son génie commercial pourraient en Asie rencontrer la Russie : mais ce grand soleil
de l'Asie féconde assez de terres et nourrit assez de races
à partager. Dans tous les cas, elle ne jouerait sa tête pour
conserver un doigt et pour éviter une saignée qui, sur sa
résistance, pourrait se faire à blanc. La Russie poursui-
vrait sa mission de puissance asiatique, sans cesser d'être
puissance européenne. Elle ne serait plus à craindre par
l'Europe, ou plutôt par quelques publicistes qui, en haine
naturelle de ses formes despotiques et sous les inspirations
de l'Angleterre, l'habillent en croquemitaine. Le nœud
gordien serait coupé et la Russie en aurait la moitié. Elle
aurait le nœud tout entier au milieu d'une conflagration
dans la quelle toutes les nations se hacheraient à son profit.

Car, encore une fois, la guerre est dans l'air, soufflée
par le chef des Brandebourg. Il veut consolider ses usur-

---

fins, si nous avions dépensé en France les millions, les milliards que l'Algérie nous a coûtés sans profits pour le présent ni l'avenir.

Charles X a voulu, de monstrueuses insultes, tirer une vengeance à laquelle
avaient échoué beaucoup de grandes puissances. Il a purgé la Méditerranée
de forbans et pillards dont les méfaits impunis étaient la honte de l'Europe.
Il a pris possession de l'Algérie, malgré l'opposition de l'Angleterre : mais
nous avons poursuivi la conquête outre mesure et une obstination qu'on ne
peut appeler irréfléchie, puisqu'elle a tant de durée, une obstination que
nous n'avons pas eue dans des occasions meilleures, nous y a fait tuer d'innombrables enfants, et dépenser d'innombrables et inutiles millions.

pations et même les agrandir. Il est urgent de déchirer ses trames, urgent que l'Europe décrète la paix ; urgent qu'une « ligue du bien public » réduise à l'impuissance le « perturbateur du repos public. »

FIN.

Paris. Imprimerie Balitout, Questroy et Cᵉ, r. de Valois, 18, et r. Baillif, 7.

www.ingramcontent.com/pod-product-compliance
Lightning Source LLC
Chambersburg PA
CBHW050606210326
41521CB00008B/1141